本书编委会

主　编：
李洁鸿　张耀明

副主编：
张向军　贾渭茜

参编人员：
马铭志　杨　帆　侯晨晓　李莉娜　张　楠
蔡盈芳　郝晨辉　丁德胜　梁　琨　黄　河
何　芮　宋香蕾

【权威解读】

中华人民共和国档案法实施条例释义

主 编
李洁鸿 张耀明
副主编
张向军 贾渭茜

中国法治出版社
CHINA LEGAL PUBLISHING HOUSE

前　言

2023年12月29日，国务院第22次常务会议审议通过《中华人民共和国档案法实施条例》（以下简称《实施条例》）。2024年1月12日，国务院总理李强签署第772号国务院令，公布《实施条例》，自2024年3月1日起施行。《实施条例》以习近平新时代中国特色社会主义思想为指导，深入贯彻习近平法治思想，贯彻落实党中央、国务院决策部署和习近平总书记关于档案工作的重要指示批示精神，推进落实《中华人民共和国档案法》（以下简称《档案法》）各项规定，进一步优化档案管理体制机制，完善档案资源齐全收集、安全保管以及有效利用的制度措施，提升档案工作科学化规范化水平，科学精准保障《档案法》有效实施，为档案事业创新发展提供有力的法治保障。

为学习宣传、贯彻实施好《实施条例》，我们组织编写了《中华人民共和国档案法实施条例释义》。本书对法条进行了逐条释义，力求对《实施条例》各项规定进行全面、准确阐释。希望本书能够帮助广大读者学习理解《实施条例》，保证《实施条例》公正、有效实施。因时间和水平有限，如有不妥和疏漏之处，敬请批评指正。

本书编写组
2025 年 2 月

目 录

第一部分 释 义

第一章 总 则 ·· 3
第 一 条 【立法依据】 ·································· 4
第 二 条 【档案具体范围的确定】 ············ 9
第 三 条 【党的领导】 ································ 11
第 四 条 【加强档案工作】 ························ 13
第 五 条 【档案分级管理】 ························ 16
第 六 条 【中央国家机关和省级有关国
　　　　　家机关规范专业档案管理的
　　　　　权限与程序】 ································ 18
第 七 条 【档案宣传教育】 ························ 20
第 八 条 【档案专业教育】 ························ 22
第 九 条 【社会力量参与】 ························ 24
第 十 条 【表彰、奖励】 ···························· 26

第二章 档案机构及其职责 …………………………… 32

 第 十 一 条 【国家档案主管部门职责】 …… 33

 第 十 二 条 【县级以上地方档案主管部门职责】 …………………… 39

 第 十 三 条 【乡镇人民政府档案工作职责】 ………………………… 42

 第 十 四 条 【机关、团体、企业事业单位和其他组织档案机构或档案工作人员职责】 ………… 44

 第 十 五 条 【档案馆的设置和管理】 …… 47

 第 十 六 条 【档案馆职责】 ……………… 48

 第 十 七 条 【档案工作人员职业能力培养】 ……………………… 51

第三章 档案的管理 ……………………………………… 53

 第 十 八 条 【档案工作责任制】 ………… 54

 第 十 九 条 【归档工作】 ………………… 56

 第 二 十 条 【档案移交进馆】 …………… 60

 第二十一条 【档案馆收集档案】 ………… 63

 第二十二条 【档案保管保护措施】 ……… 66

第二十三条　【国家档案馆馆舍专用和建设】 ·················· 70

第二十四条　【档案鉴定、销毁】 ············· 72

第二十五条　【国有永久档案目录数据汇集】 ··················· 75

第二十六条　【国有档案复制件赠送、交换、出售】 ················· 77

第二十七条　【档案或者复制件出境】 ········ 78

第二十八条　【委托档案服务】 ················ 81

第四章　档案的利用和公布 ································· 85

第二十九条　【档案开放】 ······················· 86

第 三 十 条　【档案开放审核】 ················· 88

第三十一条　【档案延期开放】 ················ 92

第三十二条　【档案复制件提供利用】 ········ 93

第三十三条　【档案利用的形式和要求】 ····· 96

第三十四条　【未开放档案利用】 ············· 97

第三十五条　【档案公布的概念及形式】 ··· 100

第三十六条　【公布档案的权限】 ············ 102

第三十七条　【促进馆藏档案开发利用和公布】 ····················· 104

第五章　档案信息化建设 …………………………………… 107

第三十八条　【档案信息化建设和电子档案管理信息系统建设】…… 108

第三十九条　【电子档案应当符合的条件】… 111

第四十条　【电子档案移交、接收以及保管】…………………………… 115

第四十一条　【重要电子档案异地备份保管】…………………………… 118

第四十二条　【传统载体档案数字化】…… 120

第四十三条　【数字档案馆（室）建设】… 122

第四十四条　【档案数字资源共享利用】… 124

第六章　监督检查 ……………………………………………… 126

第四十五条　【档案工作情况定期报告】… 127

第四十六条　【涉嫌档案违法处理】……… 129

第四十七条　【档案行政执法队伍建设】… 131

第七章　法律责任 ……………………………………………… 133

第四十八条　【国家档案馆擅自扩大或者缩小档案接收范围，或者不按照规定开放、提供利用档案的法律责任】………… 134

第四十九条　【单位或者个人不按照规定归档、移交档案的法律责任】 …………… 136

第 五 十 条　【单位或者个人侵占、挪用国家档案馆馆舍的法律责任】 …………… 139

第五十一条　【档案服务企业违法行为惩戒措施】 …………… 141

第八章　附　则 …………………………… 143

第五十二条　【施行日期】 …………… 143

第二部分　附　录

附录一

中华人民共和国档案法 …………………………… 147

中华人民共和国档案法实施条例 …………… 164

司法部、国家档案局有关负责人就《中华人民共和国档案法实施条例》答记者问 ……… 185

夯实档案事业高质量发展法治基础

　　国家档案局局长　王绍忠 …………… 191

中华人民共和国档案法实施办法 …………… 200

附录二

中华人民共和国国家安全法 ………… 212

中华人民共和国保守国家秘密法 ………… 231

中华人民共和国网络安全法 ………… 252

中华人民共和国数据安全法 ………… 278

中华人民共和国公共文化服务保障法 ………… 293

中华人民共和国文物保护法 ………… 310

中华人民共和国刑法（节录） ………… 352

中华人民共和国政府信息公开条例 ………… 356

博物馆条例 ………… 375

第一部分 释 义

第一章 总 则

本章是关于《中华人民共和国档案法实施条例》（以下简称《实施条例》）基本问题和总体原则的规定，是整部法规的基础。各条规定所体现的宗旨贯穿于整部法规之中，对各章具有普遍指导作用。

本章共10条（第一条至第十条），具体规定了《实施条例》的立法依据，进一步明确了档案工作应当坚持和加强党的领导，明确了享有《中华人民共和国档案法》（以下简称《档案法》）所称档案具体范围确定权限的档案主管部门，规定了国家档案馆馆藏永久保管档案分等级管理，规定了中央国家机关和省、自治区、直辖市有关国家机关经本级档案主管部门同意可以制定专业档案管理制度和办法，进一步强化了县级以上人民政府及其他社会力量在发展档案事业、保障档案工作依法开展等方面的责任，明确了档案专业人才培养和表彰、奖励等内容。

第一条 根据《中华人民共和国档案法》（以下简称《档案法》）的规定，制定本条例。

【释　义】

本条是关于《实施条例》立法依据的规定。

本条可以从以下三个方面理解：

1.《实施条例》是依据《档案法》的规定制定的。现行的《实施条例》自《中华人民共和国档案法实施办法》（以下简称《实施办法》）修改更名而来。其制修订经历了以下几个阶段：

1990年《实施办法》是1987年《档案法》的配套行政法规。1987年9月5日，第六届全国人民代表大会常务委员会第二十二次会议审议通过《档案法》，以第58号主席令公布，自1988年1月1日起施行。为贯彻实施《档案法》，并为档案工作提供充分完备的法律依据，根据《档案法》的原则性规定和我国档案工作的实际，国家档案局、原国务院法制局启动《实施办法》制定工作。历时两年多，经多次征求意见，1990年10月24日，国务院批准了《实施办法》，同年11月19日，以国家档案局第1号令发布施行。

随着社会主义市场经济发展，档案管理出现了很多亟待解决的问题，特别是集体所有、个人所有等非国家所有的档案的管理出现的一些问题，以及国有企业转制带来的档案管理问题。1996年7月5日，第八届全国人民代表大会常务委员会第二十次会议通过决定，对1988年1月1日起施行的《档案法》作了修改。为了保持法制的统一，国家档案局自1996年下半年起着手研究《实施办法》的修改问题。1999年5月5日，国务院批准了修改后的《实施办法》，同年6月7日，以国家档案局第5号令发布施行。

2016年至2017年，全国人民代表大会常务委员会、国务院采取打包式修法方式，对多部法律法规作出修改，其中就包括《档案法》和《实施办法》。2016年11月7日，第十二届全国人民代表大会常务委员会第二十四次会议通过了《全国人民代表大会常务委员会关于修改〈中华人民共和国对外贸易法〉等十二部法律的决定》，对《档案法》作出了修改。2017年3月1日，国务院作出《国务院关于修改和废止部分行政法规的决定》，删去1999年《实施办法》第十七条。上述修改取消了出卖、转让集体所有、个人所有以及其他不属于国家所有的对国家和社会具有保存价值或者应当保密的档案的审批事项，对《档案法》《实施办法》作了局部修改。

2024年公布的《实施条例》是2020年《档案法》的配套行政法规。2020年6月20日，第十三届全国人民代表大会常务委员会第十九次会议审议通过了新修订的《档案法》，国家主席习近平签署第47号主席令予以公布。这是《档案法》自1988年1月1日施行以来的首次修订，修订后的《档案法》从原来的6章27条扩展到8章53条，新增了"档案信息化建设"和"监督检查"两个专章，为档案工作变革与转型、创新与发展提供了较为充分的法律保障。为细化新修订的《档案法》对档案事业发展作出的新的顶层设计和制度安排，回应实施中出现的新情况新问题，2020年9月，国家档案局启动《实施办法》修改工作。2024年1月12日，国务院总理李强签署第772号国务院令，公布《实施条例》，自2024年3月1日起施行。根据《行政法规制定程序条例》第五条的规定，行政法规的名称一般称"条例"，也可以称

"规定""办法"等。国务院各部门和地方人民政府制定的规章不得称"条例"。本次修改将"办法"修改为"条例",是为了区别于一般以"规定""办法"为名称的部门规章,增强其作为《档案法》的配套行政法规的权威性。

《实施条例》的公布施行,充分体现了党中央、国务院对档案工作的高度重视,是继2020年《档案法》修订公布后档案法治建设又一新的重要里程碑,标志着档案工作走向依法治理、走向开放、走向现代化进入了一个新的阶段,将为依法推动档案事业高质量发展提供更加有力的保证。

2. 从内容上看,《实施条例》的各条规定都是依据《档案法》制定的。一方面,《实施条例》把《档案法》的规定进一步具体化,使其更具有可操作性,便于贯彻实施;另一方面,《实施条例》的内容仍然限定在《档案法》规定的范围之内,没有突破档案法律关系主体依照《档案法》规定所享有的权利,也没有使档案法律关系主体承担超越《档案法》规定的义务。

对《实施条例》前述两个方面的要求,是由它和《档案法》的关系决定的。《档案法》是由全国人民代表大会常务委员会制定的法律,《实施条例》是由国务院常务会议审议通过的行政法规。《档案法》的位阶高于《实施条例》，后者是前者的下位法，其规定应当符合前者的规定或者规定的原则。因此，《实施条例》在修改过程中，尽可能地在遵守《档案法》规定的基础上，使有关规定更具体、更有可操作性。

3.《实施条例》不是对《档案法》有关规定的重复，而是对其进行细化、具体化。《档案法》的规定具有原则性、抽象性和概括性特点，其有效实施需要辅以配套法规制度作为保障。《实施条例》作为《档案法》重要的配套法规之一，除非确有必要，否则不重复《档案法》已有规定；对于《档案法》已经有具体明确规定的，《实施条例》不再细化。《实施条例》坚持问题导向，积极回应档案工作发展的新情况、新问题和新变化，对《档案法》所蕴含的法治精神、法理遵循和立法要求予以解释和细化，改善自身以及各档案法规之间的逻辑关系，为档案工作实践提供了更加全面具体、及时有效的法规保障，便于各级各类档案机构、档案工作者执行，保障《档案法》有效实施。因此，在学习和理解《实施条例》时，应当结合《档案法》来学习理解，以便全面、准确把握《实施条例》的要旨。

> 第二条 《档案法》所称档案,其具体范围由国家档案主管部门或者国家档案主管部门会同国家有关部门确定。
>
> 反映地方文化习俗、民族风貌、历史人物、特色品牌等的档案,其具体范围可以由省、自治区、直辖市档案主管部门会同同级有关部门确定。

【释 义】

本条是关于由谁享有确定《档案法》所称档案具体范围权限的规定。

《档案法》第二条第二款规定,本法所称档案,是指过去和现在的机关、团体、企业事业单位和其他组织以及个人从事经济、政治、文化、社会、生态文明、军事、外事、科技等方面活动直接形成的对国家和社会具有保存价值的各种文字、图表、声像等不同形式的历史记录。《实施条例》对档案具体范围界定办法作出规定,主要原因是《档案法》要规范的档案,不仅是保存备查的各种形式和载体的历史记录,而且是对国家和社会具有保存价值的历史记录,只有这个范围内的档案,才属于《档案法》规范的档案。因此,需要对纳入管辖范围的档案外延作出进一步界定。

《实施条例》进一步明确了主体权限,由国家档案主管部门或者国家档案主管部门会同国家有关部门统一界定《档案法》所称档案范围,同时,在地方特色档案范围界定上,由省级档案主管部门会同同级有关部门确定,体现了一般与特殊相统一、一致与多样相统一的特点。实践中,国家档案局可以通过制定规章明确档案的具体范围,如《机关文件材料归档范围和文书档案保管期限规定》和《企业文件材料归档范围和档案保管期限规定》等;也可以会同国家有关部门共同认定档案的具体范围,如财政部与国家档案局共同制定的《会计档案管理办法》,国家档案局、民政部、原农业部共同制定的《村级档案管理办法》等。

由于各地的一些特殊档案具有地域性、特有性,《实施条例》规定,允许省、自治区、直辖市档案主管部门会同同级有关部门,对反映地方特色档案的具体范围进行规定。例如，2021年《福建省侨批档案保护与利用办法》对侨批档案的范围作出规定，即属于此类情况。还应注意的是，《实施条例》对于省级部门确定地方特色档案范围时的用词为"可以"，是一个非强制性条款。本条虽未明确要求必须征得国家档案主管部门同意，但具体实施时，不应违背国家档案主管部门或者国家档案主管部门会同有关部门出台的相关规定。

> **第三条** 档案工作应当坚持和加强党的领导，全面贯彻党的路线方针政策和决策部署，健全党领导档案工作的体制机制，把党的领导贯彻到档案工作各方面和各环节。

【释　义】

本条是关于坚持和加强党的领导的规定，是对《档案法》第三条的细化。

"为党管档、为国守史、为民服务"是档案工作的神圣职责，也体现了档案工作鲜明的政治属性。《档案法》旗帜鲜明地把坚持中国共产党对档案工作的领导写入法律。做好新时代档案工作，必须深刻认识档案工作的政治属性，始终把坚持和加强党的领导放在首要位置。从实际情况看，地方机构改革后，档案部门划归党委直接领导，有利于充分发挥党管档案工作的体制优势，使其上下贯通、执行有力，确保档案事业沿着正确的方向前进。

全面贯彻党的路线方针和决策部署，健全党领导档案工作的体制机制，把党的领导贯彻到档案工作各方面和各环节，是对"坚持和加强党的领导"要求的进一步细化。《实施条例》秉承《档案法》的立法指导思想，将习近平总书记关于档案工作一系列重要论述和指示批示精神的思想精髓、核心要义转化为法规制度，有利于坚持和加强党对档案工作的领导，有利于推进党中央决策部署在档案领域的贯彻落实。中共中央办公厅、国务院办公厅印发的《"十四五"全国档案事业发展规划》中的"主要任务"部分和"保障措施"部分所提出的具体措施，如"坚持党对档案工作的领导，压实各级党委主体责任""各级党委将档案工作纳入年度考核内容""各级党委要切实加强对档案工作的领导，落实规划组织实施领导责任""把档案工作开展情况纳入地方党政领导班子和领导干部综合考核评价内容,把党管档案工作要求落到实处"等,都充分体现了把党的领导落实到档案工作的全过程和各环节。

> **第四条** 县级以上人民政府应当加强档案工作,建立健全档案机构,提供档案长久安全保管场所和设施,并将档案事业发展经费列入本级预算。
>
> 机关、团体、企业事业单位和其他组织应当加强本单位档案工作,履行档案工作主体责任,保障档案工作依法开展。

【释 义】

本条是关于县级以上人民政府以及机关、团体、企业事业单位和其他组织在加强档案工作、发展档案事业方面的职责的规定。

第一款是对县级以上人民政府的要求,理解本款要与《档案法》第三条结合起来。《档案法》已有规定的,本条不再重复规定。"将档案事业发展经费列入本级预算"与《档案法》的表述略有区别，是为了与相关国家主管部门提出的最新规范表述相一致。

县级以上人民政府应当履行在档案工作方面的法定职责，做好以下三个方面的工作：

1. 建立健全档案机构。人民政府应当加强档案工作，根据《档案法》第二章和《实施条例》第二章的规定，结合本地区经济和社会发展的实际情况，建立适合本行政区域档案事业发展的档案机构。健全的档案机构，是指档案机构有必要的人员和经费，能够满足其履行档案工作职责需要，依法开展档案事业的行政管理、档案安全保管和有效提供利用等工作。人民政府在档案机构设置问题上应当遵守《档案法》和《实施条例》的有关规定，要保证档案机构的设置与档案事业发展相适应，保证本行政区域的档案主管部门有合法的行政执法主体资格，能够依法履行《档案法》《实施条例》所规定的职责。

2. 提供档案长久安全保管场所和设施。规定县级以上人民政府应当"提供档案长久安全保管场所和设施"，是适应总体国家安全观的要求，是构建国家档案安全体系的基本条件和硬件需求。在实际工作中，一些档案馆建筑面积不符合《档案馆建设标准》（建标103—2008），一些档案馆档案库房容量无法承载现有应接收档案，还有一些档案馆存在着基础设施不能满足电子档案保管要求等问题，给档案长久保存造成较大安全隐患。因此，本条强调县级以上人民政府要提供长久安全档案保管场所和设施，以便进馆档案具备长久保存的基本条件。

3. 将档案事业发展经费列入本级预算。发展任何一项社会事业，经费都是必不可少的。档案事业发展需要必要的经费支持，包括基础设施配备和维护经费、档案日常管理工作经费、档案信息化建设经费以及宣传培训经费等方面。按照《档案法》《实施条例》有关要求，人民政府要按照部门预算编制和管理有关规定，科学合理地核定档案工作经费，将档案馆（室）在档案资料收集、整理保管、抢救保护、安全保密、数字化、现代化管理、提供利用、编纂出版、陈列展览以及设备购置和维护等方面的经费列入本级预算。

第二款是对机关、团体、企业事业单位和其他组织的要求。主体责任要求责任人员除规划安排工作任务外，还要负责具体执行和贯彻落实，确保档案的完整与安全。文件材料经整理归档成为档案，是进行档案实体管理和档案服务的基础。本款强调机关、团体、企业事业单位和其他组织对本单位的档案工作负主体责任，意在督促其重视档案工作，坚持档案工作的源头管理、全过程管理，从源头开始做好档案工作。

> **第五条** 国家档案馆馆藏的永久保管档案分一、二、三级管理，分级的具体标准和管理办法由国家档案主管部门制定。

【释　义】

本条是关于国家档案馆对本馆保管的永久档案实施分级管理的规定。

档案分级管理是科学判定档案价值和针对不同价值档案开展科学管理的基础和方法。此次修改延续了《实施办法》关于分级的要求，主要有以下三个方面的考虑：

一是有利于摸清档案"家底"。永久保管的档案构成十分复杂，内容有涉及国家大政方针的，也有仅记录单位具体事务的；有涉及宏观事务的，也有记录某个专业、行业具体业务工作的。其政治、历史、文化、科学价值等有显著的差距。档案馆需要将记录经济社会发展中具有根本性、代表性、典型性价值的永久档案区分出来，作为重要、珍贵的档案资源，与其他永久档案分级管理。

二是有效保护和利用档案的要求。除极少量特藏档案外，绝大多数馆藏永久档案采用同样的要求和方法进行管理，不利于重要、珍贵档案的安全保管、优先抢救和重点开发利用。档案分级管理，一方面有利于彰显档案价值，为档案有效利用提供条件；另一方面可以为档案保护工作指明重点保护对象，以便有针对性地采取保护措施，保障档案保护工作高质量开展。

三是科学、有序开展档案业务工作的要求。在现有的档案管理模式下，一些档案馆并未正确认识所保管档案的价值，对重要、珍贵档案的数量、完好程度和附属重要标识没有详细的记录，档案利用借阅登记不完整，如发生档案卷册中部分档案遗失或者其附属标识物脱落乃至被盗等问题时无从查起、无从还原，查处时缺乏有力的证据和证明；在处理档案违法案件时，永久保管的档案在法律上均处于同等地位，不管多么重要、珍贵的档案遭到损坏或者被盗，对当事人的查处都只能比照永久档案统一标准来追究法律责任，不能有效遏制档案违法犯罪活动；档案馆没有珍贵档案展览展示的工作规程，不利于对珍贵档案采取特殊保护措施。档案分级管理，将引导档案馆细化业务标准和工作流程。

《实施条例》坚持了原有分级管理要求，为国家档案主管部门进一步明确分级对象、分级方式和分级标准等提出了更高要求。这也要求档案工作者加大理论研究强度和实践工作力度，切实将分级与档案保管保护、档案价值鉴定、重点档案保护与开发、档案文献遗产等工作或业务衔接起来，为档案分级理论和业务发展提供支撑。

> 第六条 中央国家机关经国家档案主管部门同意，省、自治区、直辖市有关国家机关经本级档案主管部门同意，可以制定本系统专业档案的具体管理制度和办法。

【释 义】

本条是关于中央国家机关和省级有关国家机关制定本系统专业档案具体管理制度和办法的权限与程序的规定。

理解和执行本条规定，要正确认识档案主管部门与专业主管部门的关系。《档案法》第四条将"档案工作实行统一领导、分级管理"作为一项重要的原则以法律的形式确定下来。本条规定是国家集中统一领导档案工作的体现。一方面，档案工作有自身的规律和需要遵循的共同准则，因此各级档案主管部门有必要对各个系统、专业档案工作进行监督和指导；另一方面，档案工作覆盖经济社会各个领域，不宜用全国统一档案业务工作要求加以管理，需要同级专业主管部门通过制定具体的管理制度和办法加以补充、细化。这些具体管理制度和办法不能违背法律和行政法规，也不能违背国家档案局制定的统一的管理制度。因此，省级以上专业主管部门制定本系统专业档案的具体管理制度和办法，须经国家档案局或者本级档案主管部门同意，有利于进一步理顺档案事业管理方面的条块关系，更好地推进全国档案事业统筹规划、协调发展。

关于专业主管部门在专业档案管理制度建设方面的权限问题，《实施办法》在1999年修改时，将专业档案制度办法由档案主管部门审定调整为由档案主管部门同意。经过二十余年的实践检验，该项制度实施情况良好、效果显著。实际工作中，已制定和出台的具体专业档案管理制度和办法中,《人民法院诉讼档案管理办法》《社会保险业务档案管理规定(试行)》等由中央国家机关会同国家档案局联合发文,《商标注册档案管理办法》等经国家档案局同意后印发。国家档案局在工作中坚持原则性与灵活性相统一,重点对专业档案的归档范围、专业档案的归属流向、专业档案的整理方法等重点问题进行审核把关,有利于维护国家档案资源齐全完整,推动专业档案规范、有序管理。

此处"国家机关"的范围包括党的机关、人大机关、行政机关、政协机关、监察机关、审判机关、检察机关。按照本条的规定,中央国家机关和省级有关国家机关应当更好地发挥在管理专业档案方面的积极性;同时,省级以上档案主管部门应当切实承担起审查专业档案管理制度和办法方面的责任,帮助专业主管部门做好专业档案管理制度的建设,尽量避免制度层面的交叉覆盖和冲突。

> **第七条** 县级以上人民政府及其有关部门,应当加强档案宣传教育工作,普及档案知识,传播档案文化,增强全社会档案意识。

【释　义】

本条是关于县级以上人民政府及其有关部门在档案宣传教育方面职责的规定，是对《档案法》第六条第二款内容的细化。

档案作为历史记录，在社会历史文化研究、文化传承与创新、促进社会发展和治理、保护公民权益等方面都有重要作用。机关、团体、企业事业单位和其他组织以及公民个人，都与档案的形成、保护、利用有直接、间接的关系，需增强保护档案、利用档案的意识，营造良好的档案工作环境和社会氛围。因此，面向社会加强档案宣传教育工作十分重要。

县级以上人民政府及其有关部门要加强档案宣传教育工作，积极开展多种形式的宣传教育活动。一是充分利用"国际档案日"等节日，深入开展档案宣传活动，推动档案宣传教育进社会、进课堂、进教材、进网络，不断增强档案意识。二是加大档案知识科普工作的力度，充分运用现代媒体、互联网等新手段和新方法，增强社会公众对档案工作的认知度和档案保护及利用的意识。

本条强调增强全社会档案意识。档案意识是指公众对于档案和档案事务这一客观事物的认识和反映。具体而言,就是公众对于档案的性质和价值、档案工作的作用和地位等的认识,主要包括保护档案的意识、利用档案的意识、留存档案的意识等。公众的档案意识强,对于营造良好的档案工作环境、促进档案事业发展具有积极的推动作用。增强全社会档案意识,有利于扩大档案工作的社会影响,为档案事业科学发展提供强大的舆论支持,营造良好的舆论氛围。

第八条　国家加强档案相关专业人才培养,支持高等院校、职业学校设立档案学等相关专业。

【释　义】

本条是关于档案专业教育的规定,是对《档案法》第十一条规定的细化。

做好档案工作,离不开一支高素质的档案人才队伍。档案人才是档案事业实现高质量发展目标的重要基础和保障。档案专业人才培养要紧紧围绕国家建设和社会发展的需求,为我国档案事业高质量发展提供有力的人才保证和智力支持。

高等院校在档案人才培养方面发挥着重要的作用。从1952年中共中央决定委托中国人民大学开办档案学专业至今,中国现代意义上的档案高等教育已经走过了70多年的发展历程,全国共有30多所高校开设档案学等相关专业。中国档案高等教育伴随着新中国的建设与发展,为国家从站起来到富起来再到强起来提供了档案人才支撑,为国家档案事业繁荣发展贡献了力量。当下,信息技术高速发展对档案高等教育提出新挑战,国家高等教育体系改革对档案高等教育发展提出新要求。我国档案人才队伍建设与档案事业高质量发展的要求相比,仍有一定差距,需要进一步完善档案人才培养机制,优化档案人才培养模式,加大档案人才供给力度,着力培养一批高层次、创新型专业人才,以人才培养带动队伍建设,促进档案事业长远发展、科学发展。

档案职业教育作为优化档案教育结构和培养档案技能型人才的重要途径,在输送档案事业发展亟需的高素质技能人才、有效地提升档案工作质量和水平方面发挥了积极的作用。《"十四五"全国档案事业发展规划》明确提出,"培育支持档案职业教育,建立职业技能实训基地,探索档案技能型人才培养新路径"。《中华人民共和国职业分类大典(2022年版)》新增"档案数字化管理师"职业,反映出对档案技能人才的需要。国家应聚焦档案工作高质量发展,加快构建现代档案职业教育体系,积极推动档案职业教育,培养更多高素质技术技能人才、能工巧匠、大国工匠,为档案强国建设提供有力人才和技能支撑。

> **第九条** 国家鼓励和支持企业事业单位、社会组织和个人等社会力量通过依法兴办实体、资助项目、从事志愿服务以及开展科学研究、技术创新和科技成果推广等形式,参与和支持档案事业的发展。
>
> 档案行业组织依照法律、法规、规章及其章程的规定,加强行业自律,推动诚信建设,提供行业服务,开展学术交流和档案相关科普教育,参与政策咨询和标准制定等活动。
>
> 档案主管部门应当在职责范围内予以指导。

【释　义】

本条是关于社会力量如何参与和支持档案事业发展的规定，是对《档案法》第六条、第七条有关内容的细化。

第一款鼓励社会力量参与和支持档案事业发展。鼓励和支持社会力量参与档案工作，是健全社会参与机制、推动档案工作高质量发展的重要举措。社会力量参与和支持档案事业发展的方式，包括提供档案管理咨询、整理、寄存、开发利用和数字化等服务，在法定范围内对于档案事业发展的立法和决策等积极建言献策，依法兴办实体、资助项目，积极参与档案资源开发、档案志愿服务、档案宣传教育，向国家捐献重要、珍贵档案等。本款重点提出了依法兴办实体等几种社会力量参与和支持档案事业发展的主要方式，主要是希望在这些方面加以引导。

第二款对档案行业组织参与和推动档案事业发展提出要求。档案行业组织，包括学会和协会，是目前档案领域最重要的社会力量，在畅通党委、政府与市场、社会之间的联系，规范行业发展秩序等方面发挥了重要作用。因此，第二款结合实践工作情况，对档案行业组织作出进一步要求。中国档案学会是我国档案专业领域的全国性组织，其主要职能是组织档案科研学术交流活动、普及档案知识、参与制定国家档案法规标准咨询、受托开展档案学术和科技成果评审鉴定和职业技能鉴定、开展档案岗位培训和继续教育等。除中国档案学会外，我国还有30余家地方档案学会，以及中国机械电子兵器船舶工业档案学会、中国核工业档案学会等专业系统档案学会。另外，还有行业协会，包括浙江省档案服务业协会、福建省档案现代化技术服务行业协会、广州市档案行业协会等。

第三款规定档案主管部门应当在职责范围内予以指导，确保各社会力量在参与和支持档案事业发展的过程中始终沿着正确方向进行。

第十条 有下列情形之一的，由县级以上人民政府、档案主管部门或者本单位按照国家有关规定给予表彰、奖励：

（一）对档案收集、整理、保护、利用做出显著成绩的；

（二）对档案科学研究、技术创新、宣传教育、交流合作做出显著成绩的；

（三）在重大活动、突发事件应对活动相关档案工作中表现突出的；

（四）将重要或者珍贵档案捐献给国家的；

（五）同违反档案法律、法规的行为作斗争，表现突出的；

（六）长期从事档案工作，表现突出的。

【释 义】

本条是关于对档案事业有显著成绩的行为进行表彰、奖励的规定，是对《档案法》第七条第二款的细化。

《档案法》第七条第二款规定，"对在档案收集、整理、保护、利用等方面做出突出贡献的单位和个人，按照国家有关规定给予表彰、奖励"。县级以上人民政府、档案主管部门或者各机关、团体、企业事业单位和其他组织，都可以按照国家有关规定进行表彰、奖励。

本条将表彰、奖励类型划分为以下六类：

1. 对档案收集、整理、保护、利用做出显著成绩的。

档案收集、整理、保护、利用是档案工作的重要组成部分。档案收集工作是整个档案工作的起点，是档案管理的基础。高质量的档案收集工作能够为后续档案的集中统一管理、科学整理、安全保管、有效利用等工作奠定坚实的基础。对档案进行科学整理，是各档案保管单位一项重要的基础性工作。科学地整理档案不仅关系档案的有序管理和安全保管，也关系日后能否满足有效利用的需求。档案保护是指采取各种保护技术来防止档案损毁，延长档案寿命，保证档案的完整、安全和长期保存。上述系列工作的最终目的都是使档案资源能够被充分挖掘，有效提供利用，服务于我国现代化建设大局、经济社会发展和民生福祉。由此可见，档案收集、整理、保护、利用是档案工作的基础业务工作，也是需要档案人员以高度负责态度和高质量工作要求开展的一项长期的重要工作，对在这部分工作中做出显著成绩的，应当予以奖励。

2. 对档案科学研究、技术创新、宣传教育、交流合作做出显著成绩的。《档案法》第六条规定，"国家鼓励和支持档案科学研究和技术创新""国家采取措施，加强档案宣传教育""国家鼓励和支持在档案领域开展国际交流与合作"。档案科学研究、技术创新、宣传教育、交流合作,都是档案工作必不可少的组成部分,对认识档案工作本质和规律,为档案事业发展提供理论依据,以新发明新技术新产品解决档案工作中存在的重大问题,培养高素质档案专业人才,推动档案工作交流互鉴,都具有十分重要的意义。对在上述工作中做出突出贡献的组织和个人,应当按照规定予以表彰、奖励。

3. 在重大活动、突发事件应对活动相关档案工作中表现突出的。《档案法》第二十六条对突发事件应对活动相关档案工作进行了规定。重大活动是指在中华人民共和国境内外组织举办的,对党和国家、行业、地方具有重大意义或者重要国际影响的会议、会展、赛事、纪念、庆典等大型活动;突发事件是指突然发生,造成或者可能造成严重社会危害,需要采取应急处置措施予以应对的自然灾害、事故灾难、公共卫生事件和社会安全事件。为了鼓励和引导正确应对重大活动、突发事件,保护档案的完整与安全,对在重大活动、突发事件应对活动相关档案工作中表现突出的组织和个人,应该给予表彰和奖励。

4. 将重要或者珍贵档案捐献给国家的。重要档案一般是指能从某一角度或方面反映国家或某一地区政治经济文化军事社会等方面的情况，并对历史研究等具有较大价值的档案。珍贵档案是对国家和民族具有重大意义、重要价值或因年代久远而稀少的档案。我国有悠久灿烂的历史，也形成了丰富的历史档案资源，其中仍有相当一部分分散保存于社会。档案馆通过多种方式已经将许多重要或珍贵档案收归馆藏并妥善保管，使其在更大范围得以被利用，但是其覆盖面仍有局限性。本项意在通过物质奖励和精神奖励相结合的方式，鼓励全社会乃至每个公民都能认识档案价值、自觉保护档案，将重要或者珍贵档案捐献给国家，使其得以发挥应有的社会价值。

5. 同违反档案法律、法规的行为作斗争，表现突出的。《档案法》及《实施条例》规定了公民和组织的权利和义务以及法律责任，凡是违反了档案法律和法规的行为人，都必须依法承担相应的法律责任。违反档案法律、法规的行为多种多样，违法行为的性质和造成的后果也不尽相同。为了维护档案法律、法规的权威，本项鼓励同各类违反档案法律、法规的行为作斗争，对在国家和人民财产和安全遭受严重损害时，敢于且善于同违法行为作斗争，表现突出的组织和个人，应当给予表彰和奖励。

6. 长期从事档案工作，表现突出的。1988年印发的《国家档案局关于向从事档案工作三十年的人员颁发〈荣誉证书〉的通知》，在机关、部队、学校、团体、企业事业单位范围内，向从事档案工作满三十年的人员，包括离、退休干部，颁发"荣誉证书"。此项工作受到了广大档案工作者的一致好评。1995年，国家档案局办公室、中央档案馆办公室印发《关于向从事档案工作三十年人员颁发"荣誉证书"有关问题的通知》，明确将此项工作形成制度，长期坚持下去。为了鼓励档案工作者钻研业务、深耕岗位，突出导向、稳定队伍，制定本项。

第二章　档案机构及其职责

本章共7条（第十一条至第十七条），规定了国家档案主管部门、县级以上地方档案主管部门、乡镇人民政府，机关、团体、企业事业单位和其他组织档案机构或者档案工作人员的职责，明确了各级各类档案馆的设置、管理和有关职责。

档案工作是维护党和国家历史真实面貌、保障人民群众根本利益的重要事业。因此，必须通过开展一系列行之有效的活动对档案进行有效的管理、保护和利用，而进行这种活动的主体就是各级各类档案机构。

档案机构是承担档案工作的重要主体。根据《档案法》的规定，档案机构主要包括：县级以上档案主管部门，机关、团体、企业事业单位和其他组织的内设档案机构，各级各类档案馆。1987年《档案法》在第二章档案机构及其职责中对上述机构及档案工作人员的职责作了原则性的规定，对于保持档案机构的相对稳定和档案工作的正常开展起到了重要的作用。此后《档案法》经历两次修改，直至2020年全面修订，对这一章均未作大幅度改动。本章各条的规定，将《档案法》第二章的规定具体化、明确化，使之可操作性更强，便于实施。

第十一条　国家档案主管部门依照《档案法》第八条第一款的规定，履行下列职责：

（一）根据有关法律、行政法规和国家有关方针政策，研究、制定部门规章、档案工作具体方针政策和标准；

（二）组织协调全国档案事业的发展，制定国家档案事业发展综合规划和专项计划，并组织实施；

（三）对有关法律、行政法规、部门规章和国家有关方针政策的实施情况进行监督检查，依法查处档案违法行为；

（四）对中央国家机关各部门、中央管理的群团组织、中央企业以及中央和国务院直属事业单位的档案工作，中央级国家档案馆的工作，以及省、自治区、直辖市档案主管部门的工作，实施监督、指导；

（五）组织、指导档案理论与科学技术研究、档案信息化建设、档案宣传教育、档案工作人员培训；

（六）组织、开展档案领域的国际交流与合作。

【释　义】

本条是关于国家档案主管部门职责的规定，是对《档案法》第八条第一款的细化。

本条明确规定了国家档案主管部门（按现行机构设置，指国家档案局）在主管全国档案事业方面的六项职责：

1. 依法研究、制定部门规章、档案工作具体方针政策和标准。这项职责是国家档案局对全国档案事业进行宏观管理的一项主要手段。管理全国档案事业，仅仅依靠国家制定的有关档案工作的法律、行政法规和国家有关方针政策是不够的，在档案的收集、整理、保护、利用等方面，还需要国家档案主管部门制定适用于全国的部门规章、规范性文件、具体政策和相关标准，保证档案工作的规范发展。根据《立法法》第九十一条的规定，国务院各部、委员会、中国人民银行、审计署和具有行政管理职能的直属机构以及法律规定的机构，可以根据法律和国务院的行政法规、决定、命令，在本部门的权限范围内，制定规章。部门规章规定的事项应当属于执行法律或者国务院的行政法规、决定、命令的事项。《档案法》第八条第一款规定，国家档案主管部门主管全国的档案工作，负责全国档案事业的统筹规划和组织协调，建立统一制度，实行监督和指导。本项规定进一步明确了国家档案局的部门规章制定权。档案领域的部门规章，既有国家档案局牵头制定的（目前有23部），也有其他专业主管机关或部门与国家档案局联合制定的，如《会计档案管理办法》。此外，国家档案局还根据需要制定了不少行政规范性文件和政策性文件。目前现行行政规范性文件有58件。档案领域标准的制修订也是国家档案局的一项重要职责。目前国家档案局归口管理12项国家标准，发布102项行业标准，参与国际标准制定和推进国际标准工作，基本涵盖档案工作的主要环节和重点领域，为推动档案工作高质量发展奠定了良好基础。

2. 组织协调全国档案事业的发展，制定国家档案事业发展综合规划和专项计划，并组织实施。发展规划作为国家政策文件的重要内容,是对事业发展的顶层设计,是有效推动事业发展的前提基础和必要条件。科学编制并有效实施档案事业发展的综合规划和专项计划,阐明档案事业发展目标在规划期内的战略部署和具体安排,有利于保持档案事业发展的连续性稳定性,也是国家档案局组织协调全国档案事业的有效方式。如《"十四五"全国档案事业发展规划》就是国家档案局起草、中办国办印发的关于全国档案事业的一项重要综合规划,是在总结"十三五"期间全国档案事业发展成效,深入分析档案工作面临的机遇与挑战、存在的问题与不足的基础上制定的。《"十四五"全国档案事业发展规划》明确了我国档案事业发展的指导思想、工作原则和发展目标,围绕档案治理体系建设、档案资源体系建设、档案利用体系建设、档案安全体系建设、档案信息化建设、档案科技创新、档案人才培养、档案对外交流合作等8个方面,提出了26项主要任务和7项重点工程,并从组织领导、经费保障、检查评估3个方面提出了规划实施的保障要求。此外,国家档案局还可以围绕档案事业发展综合规划在特定领域提出的重点任务,制定专项计划,细化落实的时间表和路线图,提高针对性和可操作性。

3. 对有关法律、行政法规、部门规章和国家有关方针政策的实施情况进行监督检查，依法查处档案违法行为。在档案工作法律、行政法规、部门规章和有关方针政策制定出台后，对其实施情况进行监督检查是国家档案局履行宏观管理职责的重要形式。通过监督检查，敦促有关主体严格执行法律、行政法规，认真履行法定义务，做好档案工作。依法查处档案违法行为是《档案法》赋予县级以上档案主管部门的一项重要权力，对于各种违反《档案法》的行为，县级以上档案主管部门应当依照法律、法规、规章等进行处理，给予警告、罚款、没收违法所得等相应行政处罚措施，或者依法向有关单位提出处理建议，以维护法律权威，保障档案工作的正常开展。

4. 对有关单位的档案工作实施监督、指导。监督是指国家档案局对法律、行政法规、部门规章实施情况进行检查；指导是指国家档案局在业务上的引导、示范、提示、辅导、建议等，使有关方面做好档案工作。本项规定还设定了国家档案局实施监督、指导的具体范围，在实际工作中包括：（1）中央国家机关各部门、中央管理的群团组织、中央企业以及中央和国务院直属事业单位的档案工作；（2）中央级国家档案馆的工作；（3）省、自治区、直辖市档案主管部门的工作。中央管理的群团组织，其范围与中央编办负责管理机构编制的群众团体机关一致，目前包括中华全国总工会机关、中国共产主义青年团中央委员会机关、中华全国妇女联合会机关、中国作家协会机关等22家。

5. 组织、指导档案理论与科学技术研究、档案信息化建设、档案宣传教育、档案工作人员培训。开展档案理论与科学技术研究，有利于提升档案管理现代化水平，推动档案学基础理论的发展和档案基础业务建设现实问题的解决。加强档案信息化建设，促进信息技术在档案工作中广泛应用，是为了提升档案管理数字化、智能化水平，实现档案工作数字转型。开展档案宣传教育是为了增强全社会档案意识，扩大档案工作的社会影响力，为档案事业的科学发展提供强大的舆论支持，营造良好的舆论氛围。对档案工作人员的培训，有利于提高档案人才队伍素质，为做好档案工作创造条件。国家档案局在这些方面的主要职责是组织协调有关方面的力量开展工作，同时，为其他单位开展工作提供帮助和支持。

6. 组织、开展档案领域的国际交流与合作。开展档案领域的国际交流与合作，不仅能够借鉴其他国家经验，促进我国档案工作不断进步,还能够增进我国档案工作的国际影响力和贡献力。近年来,国家档案局积极拓展双边和多边交流合作,通过交换档案复制件、举办专题档案展览、出版档案资料书籍、开展档案学术交流等形式与其他国家的档案部门开展了多层次、多形式的交流与合作。同时,国家档案局还积极参与国际档案理事会及其地区分会以及其他档案专业组织的事务和活动,组织和参与国际组织合作项目等。

> **第十二条** 县级以上地方档案主管部门依照《档案法》第八条第二款的规定,履行下列职责:
>
> (一)贯彻执行有关法律、法规、规章和国家有关方针政策;
>
> (二)制定本行政区域档案事业发展规划和档案工作制度规范,并组织实施;
>
> (三)监督、指导本行政区域档案工作,对有关法律、法规、规章和国家有关方针政策的实施情况进行监督检查,依法查处档案违法行为;

> (四)组织、指导本行政区域档案理论与科学技术研究、档案信息化建设、档案宣传教育、档案工作人员培训。

【释 义】

本条是关于县级以上地方档案主管部门职责的规定,是对《档案法》第八条第二款的细化。

县级以上地方档案主管部门的定位是本行政区域档案工作的主管机关,其职责是对本行政区域的机关、团体、企业事业单位和其他组织的档案工作实行监督和指导。本条规定了其应履行的四项职责:

1. 贯彻执行有关法律、法规、规章和国家有关方针政策。地方档案主管部门的这项职责主要从两个方面体现:一是自觉遵守国家的法律、法规、规章和方针政策;二是依法行使行政职权,如给予表彰、奖励,办理行政许可,实施行政处罚,以维护法律的权威。

2. 制定并组织实施本行政区域档案事业发展规划和档案工作制度规范。根据国家档案事业发展综合规划和专项计划,县级以上地方档案主管部门应制定本行政区域档案事业发展规划。省级规划、市县级规划依据国家发展规划制定，既要加强与国家发展规划、专项计划的衔接，形成全国"一盘棋"，又要因地制宜，符合地方实际，突出地方特色。规划印发后，地方档案主管部门应当认真组织、协调各有关方面，积极完成规划目标任务。地方档案主管部门也要根据需要制定档案工作制度规范。所制定的制度规范要符合国家有关的法律、法规和国家档案局制定的有关制度规范，不能与之抵触。同时，也不能简单地照搬国家档案局制定的制度规范的全部内容，要结合档案工作实际，制定出有本地区特点的制度规范，并组织实施。

3. 监督、指导本行政区域档案工作，对有关法律、法规、规章和国家有关方针政策的实施情况进行监督检查，依法查处档案违法行为。县级以上地方档案主管部门对本行政区域内机关、团体、企业事业单位和其他组织的档案工作实行监督和指导。按照《档案法》第六章"监督检查"的规定，本项对地方档案主管部门的监督检查职责予以明确。地方档案主管部门还负责依法查处本行政区域档案违法行为。

4. 组织、指导本行政区域档案理论与科学技术研究、档案信息化建设、档案宣传教育、档案工作人员培训。本项与国家档案局的职责相对应。地方档案主管部门可以组织本行政区域的科研技术力量进行档案理论与科学技术研究，开展档案信息化建设，进行档案宣传教育活动，培训档案工作人员。这些工作也可以由本行政区域各单位自行组织，档案主管部门给予指导。

> **第十三条** 乡镇人民政府依照《档案法》第八条第三款的规定，履行下列职责：
>
> （一）贯彻执行有关法律、法规、规章和国家有关方针政策，建立健全档案工作制度规范；
>
> （二）指定人员管理本机关档案，并按照规定向有关档案馆移交档案；
>
> （三）监督、指导所属单位以及基层群众性自治组织等的档案工作。

【释　义】

本条是关于乡镇人民政府档案工作职责的规定，是对《档案法》第八条第三款的细化。

乡镇档案作为乡镇各项工作和人民生产、生活情况的真实记录,是党和国家制定农业农村工作方针政策的重要依据,是人民群众维护自身权益的重要凭证。乡镇人民政府在乡镇档案工作中承担的职责,主要有以下三项:

1. 贯彻执行有关法律、法规、规章和国家有关方针政策,建立健全档案工作制度规范。乡镇人民政府要遵守有关法律、法规、规章和国家有关方针政策,依法开展乡镇档案工作,同时,还要据此建立文件材料归档、档案保管和利用等具体的制度规范,促进乡镇档案工作规范、协调、稳定发展。

2. 指定人员管理本机关档案,并按照规定向有关档案馆移交档案。乡镇人民政府应当指定人员对乡镇机关文件材料的收集、整理、归档等工作进行指导和监督,集中管理本乡镇机关的档案,开展档案资源开发利用工作,按照规定向有关档案馆移交乡镇机关档案。

3. 监督、指导所属单位以及基层群众性自治组织等的档案工作。除了乡镇机关外,乡镇所属单位也是乡镇档案的形成主体。乡镇所属单位形成的文件材料由各单位整理归档,形成的档案原则上自行保管,不具备安全保管条件的，可由乡镇档案部门代管，对其进行监督指导是乡镇档案部门的基本职责。乡镇人民政府管辖范围内的基层群众性自治组织的档案工作，一般是指村级组织对村级档案进行的收集、整理、保管、鉴定、利用等工作，村级档案工作在业务上接受乡镇人民政府和相关部门的监督、指导。

> **第十四条** 机关、团体、企业事业单位和其他组织应当确定档案机构或者档案工作人员，依照《档案法》第九条第一款的规定，履行下列职责：
>
> （一）贯彻执行有关法律、法规、规章和国家有关方针政策，建立健全本单位档案工作制度规范；
>
> （二）指导本单位相关材料的形成、积累、整理和归档，统一管理本单位的档案，并按照规定向有关档案馆移交档案；
>
> （三）监督、指导所属单位的档案工作。

【释　义】

本条是关于机关、团体、企业事业单位和其他组织档案机构或者档案工作人员职责的规定，是对《档案法》第九条第一款的细化。

设置档案机构和配备档案工作人员是有序开展档案工作的前提和保证。机关、团体、企业事业单位和其他组织应当设立相应的档案机构。因组织规模、档案数量等原因未设立档案机构的机关、团体、企业事业单位和其他组织，应当明确档案工作的负责部门，指定档案工作人员。相关档案机构或者档案工作人员的职责主要包括以下三项：

1. 贯彻执行有关法律、法规、规章和国家有关方针政策，建立健全本单位档案工作制度规范。贯彻执行有关法律、法规、规章和国家有关方针政策，就是指这些档案机构或者档案工作人员对有关法律、法规等的遵守和执行，依法开展本单位的档案工作。同时，还应当建立健全本单位档案工作制度规范。一般来说，本单位档案工作制度规范应当包括文件材料收集和归档制度、档案保管制度、档案鉴定和销毁制度、档案保密和安全制度、档案利用制度以及档案工作人员岗位职责制度等。

2. 指导本单位相关材料的形成、积累、整理和归档，统一管理本单位的档案，并按照规定向有关档案馆移交档案。对本单位相关材料的形成、积累、整理和归档工作进行指导，是要确保本单位所有门类档案的齐全和完整，并要对相关材料的形成与流转提出要求，指导各内设机构对应归档材料进行整理。相关材料经各内设机构整理完毕后，应当按照规定时间向档案部门移交。按照国家有关规定定期向档案馆移交档案，是《档案法》第十五条规定的机关、团体、企业事业单位和其他组织必须履行的义务，单位内部的档案机构或者档案工作人员具体负责向有关档案馆移交档案。《实施条例》第二十条对具体移交期限作出明确规定。

3. 监督、指导所属单位的档案工作。对所属单位档案工作的监督和指导职责，是《档案法》赋予的法定职责，性质上属于单位内部管理。机关、团体、企业事业单位和其他组织与其所属单位存在明确的隶属关系，其对所属单位的管理就是由这种隶属关系决定的，主要是督促所属单位依法履行好相关材料形成、归档及档案保管利用和安全管理等工作职责。

> **第十五条　各级各类档案馆的设置和管理应当符合国家有关规定。**

【释　义】

本条是关于档案馆的设置和管理的规定。

档案馆工作是档案事业的重要组成部分。档案馆的设置和管理事关档案事业长远发展和国家档案资源的科学有效管理。自1992年《全国档案馆设置原则和布局方案》经国务院批准实施以来，各级各类档案馆得到了不同程度的发展，涵盖不同层级、不同类型档案馆的全国档案馆网体系基本形成。随着档案工作发展进步，档案馆分工定位、资源配置等问题需要在政策法规层面予以调整。《实施条例》不再局限于制定实施档案馆设置原则和布局方案的工作要求，提出各级各类档案馆的设置和管理应当符合国家有关规定，这就要求档案馆的设置和管理既要符合现有的机构编制、发展改革、城市建设等规定，也应符合今后建立完善的相关规定，为下一步开展相关工作留下充分的政策发展空间。

> 第十六条 国家档案馆应当配备与其职责和规模相适应的专业人员,依照《档案法》第十条的规定,履行下列职责:
> (一)收集本馆分管范围内的档案;
> (二)按照规定整理、保管档案;
> (三)依法向社会开放档案,并采取各种形式研究、开发档案资源,为各方面利用档案资源提供服务;
> (四)开展宣传教育,发挥爱国主义教育和历史文化教育功能。
> 按照国家有关规定设置的其他各类档案馆,参照前款规定依法履行相应职责。

【释 义】

本条是关于国家档案馆以及其他各类档案馆职责的规定,是对《档案法》第十条有关规定的细化。

国家档案馆是为国家集中管理档案、为社会提供档案公共服务的档案馆，主要包括综合档案馆和专门档案馆。《全国档案馆设置原则和布局方案》规定，综合档案馆是按行政区划或历史时期设置的，收集和管理所辖范围内多种门类档案的档案馆。专门档案馆指收集和管理某一专门领域或某种特殊载体形态档案的档案馆。本条第一款为国家档案馆规定了以下职责：

1. 收集本馆分管范围内的档案。档案的收集是指接收及征集档案和其他有关文献，包括档案馆对于机关、团体、企业事业单位和其他组织按规定移交的档案收入、接纳的活动，以及档案馆根据各种线索到社会上找寻、征集有关档案的活动。收集档案是《档案法》《实施条例》规定的档案馆的职责，收集的档案必须属于本馆保管范围。超出本馆的保管范围接收的档案，应当向有权保存的档案馆移交。保管范围的确定，应执行《各级各类档案馆收集档案范围的规定》等规定。

2. 按照规定整理、保管档案。档案的整理是按照一定原则对档案实体进行系统分类、组合、排列、编号和基本编目，使之有序化的过程。档案的保管是维护档案完整与安全的活动。档案进馆后，对其进行科学整理和安全保管是国家档案馆的一项主要工作。要做好这项工作，就必须严格按照有关法律、法规和制度规范进行。

3. 依法向社会开放档案，并采取各种形式研究、开发档案资源，为各方面利用档案资源提供服务。国家档案馆保管档案的最终目的，是提供档案为社会各项事业服务，为公众服务，充分发挥档案的作用。依法开放档案、促进档案利用直接体现了档案工作的意义和价值，是国家档案馆的重要职责。在开发档案资源为社会服务方面，国家档案馆应当按照《档案法》第三十三条、《实施条例》第三十七条、《国家档案馆档案开放办法》等规定，加强对档案的研究整理，开展馆藏档案的开发利用和公布。

4. 开展宣传教育，发挥爱国主义教育和历史文化教育功能。《档案法》第三十四条对利用馆藏档案开展宣传教育作出了规定。爱国主义教育和历史文化教育功能，是国家档案馆开展宣传教育的主要功能，许多档案馆以举办固定展陈、专题展览、网上展览和开展特色活动为手段，开展形式多样、特色鲜明的爱国主义教育和历史文化教育。目前，不少档案馆被命名为爱国主义教育基地。

第二章 档案机构及其职责 51

第二款规定，其他各类档案馆参照前款规定依法履行相应职责，是考虑到国家档案馆与其他各类档案馆的法定职责有所区别。例如，在开放利用方面，按照《档案法》第二十七条的规定，县级以上各级档案馆的档案，应当自形成之日起满二十五年向社会开放。经济、教育、科技、文化等类档案，可以少于二十五年向社会开放；涉及国家安全或者重大利益以及其他到期不宜开放的档案，可以多于二十五年向社会开放。国家鼓励和支持其他档案馆向社会开放档案。

第十七条　档案主管部门、档案馆和机关、团体、企业事业单位以及其他组织应当为档案工作人员的教育培训、职称评审、岗位聘用等创造条件，不断提高档案工作人员的专业知识水平和业务能力。

【释　义】

本条是关于档案工作人员职业能力培养的规定。

《档案法》第十一条规定了国家加强档案工作人才培

养和队伍建设,同时,对档案工作人员提出了忠于职守,遵纪守法,具备相应的专业知识与技能的要求。《实施条例》完善了保障档案工作人员权益方面的规定。《档案专业人员继续教育规定》要求,"档案专业人员所在单位应当根据国家有关规定,结合本单位发展战略和岗位要求,组织开展档案专业人员继续教育活动或者参加相关单位组织的档案专业人员继续教育活动,为本单位档案专业人员参加继续教育提供便利"。《人力资源社会保障部、国家档案局关于深化档案专业人员职称制度改革的指导意见》也提出,"用人单位结合用人需求,根据职称评价结果,合理使用档案专业人员,实现职称评价结果与聘用、考核、晋升等用人制度的衔接"。《实施条例》明确要求档案主管部门、档案馆和机关、团体、企业事业单位以及其他组织健全人才培养机制,加大培养力度,通过培训新理论、新知识、新技术等举措,保障档案工作人员的专业知识不断更新、专业技能不断强化,特别是要为档案专业人员教育培训、职称评审、岗位聘用等创造条件,提高档案工作人员的职业获得感,为档案工作人员成长创造良好环境。

第三章 档案的管理

本章共11条（第十八条至第二十八条），明确规定各级各类档案机构以及档案工作人员管理档案的基本内容和主要任务，完善档案管理相关措施，细化档案工作责任制，进一步明确归档责任、移交责任，统一归档和档案移交接收进馆有关要求，对档案馆通过接受捐献、购买、代存、交换等方式收集档案提出要求，细化档案馆保管措施，明确国家档案馆馆舍及设施设备的建设要求，完善档案鉴定销毁制度，增加有关国有永久档案目录数据汇集的规定，对国家所有的档案的复制件赠送、交换、出售，档案或者复制件出境等作出明确规定，并明确档案服务企业的条件，规范档案服务外包等。

正确理解和掌握本章各条规定的含义，按照本章所规定的原则、方法、要求去管理档案和监督、指导档案工作，是档案工作人员必须具备的基本能力素质，也是各级档案部门依法管理档案的依据。

> **第十八条** 按照国家规定应当形成档案的机关、团体、企业事业单位和其他组织,应当建立档案工作责任制,确定档案工作组织结构、职责分工,落实档案工作领导责任、管理责任、执行责任,健全单位主要负责人承担档案完整与安全第一责任人职责相关制度,明确档案管理、档案基础设施建设、档案信息化等工作要求。

【释 义】

本条是关于档案工作责任制的规定,是对《档案法》第十二条的细化。

国家规定应当形成档案的机关、团体、企业事业单位和其他组织,是指法律、法规、规章、规范性文件规定应当形成档案的单位。这里的"国家规定",既包括档案管理相关法律法规,又包括其他对档案管理提出要求、作出规定的法律法规。此外,规章、规范性文件对保存档案有要求的，也属于国家规定的范围。《实施条例》规定，上述单位均应当建立档案工作责任制。

本条根据实际工作情况，对机关、团体、企业事业单位和其他组织建立档案工作责任制提出了三项要求：一是确定档案工作组织结构、职责分工，即确定组织机构内与档案工作相关的部门设置、职能规划、流程运转、职责分工等。例如，《机关档案管理规定》要求机关单位建立档案工作协调机制，确定机关档案部门，组成机关档案工作网络，分角色承担起机关档案工作的组织协调、统一归口和具体管理职责，形成比较合理的档案工作的组织机构。二是落实档案工作领导责任、管理责任、执行责任。这是与档案工作组织结构密切相关的三种责任。领导责任是指组织机构负责人或档案工作协调机制应当承担的决策、协调档案工作重大事务和重要事项的责任；管理责任是指档案部门承担的统一归口、统筹推进档案业务工作的责任；执行责任即直接责任，是指组织机构相关部门和人员承担的相关材料的收集、整理、归档和档案管理具体工作责任。三是健全单位主要负责人承担档案完整与安全第一责任人职责相关制度，要求主要负责人对涉及档案完整与安全的重要工作亲自部署、重大问题亲自过问、重点问题亲自协调、重要任务亲自督办。

这些细化的规定进一步压实了档案工作主体责任，有利于推动相关组织完善内部组织架构和管理流程，从而切实履行《档案法》规定的相关义务，为促进档案工作的有效开展提供重要保障。

> **第十九条** 依照《档案法》第十三条以及国家有关规定应当归档的材料，由机关、团体、企业事业单位和其他组织的各内设机构收集齐全，规范整理，定期交本单位档案机构或者档案工作人员集中管理，任何内设机构和个人不得拒绝归档或者据为己有。
>
> 机关、群团组织、国有企业事业单位应当明确本单位的归档范围和档案保管期限，经同级档案主管部门审核同意后施行。单位内设机构或者工作职能发生重大变化时，应当及时调整归档范围和档案保管期限，经重新审核同意后施行。

> 机关、群团组织、国有企业事业单位负责所属单位的归档范围和档案保管期限的审核。

【释义】

本条是关于材料归档、归档范围和档案保管期限审核的规定，是对《档案法》第十四条的细化。

第一款明确应当承担归档任务的机构（部门）和归档的具体要求。归档是指将办理完毕且具有保存价值的材料经系统整理交本单位档案机构或者档案工作人员进行保存的过程。《档案法》第十三条第一款明确了应当纳入归档范围的材料，《机关文件材料归档范围和文书档案保管期限规定》《企业文件材料归档范围和档案保管期限规定》分别对机关和企业的归档范围作出了规定。此外，还有一些部门规章，对某一门类的应归档的材料进行了规定，如《婚姻登记档案管理办法》对婚姻登记过程中形成应归档的材料进行了规定，《会计档案管理办法》对在会计核算等过程中形成的应归档的会计资料进行了规定。

上述范围内的相关材料应由本单位内设机构收集齐全，规范整理，定期交本单位档案机构或者档案工作人员集中管理,即明确了收集、整理工作的责任主体是单位内设机构,包括文书部门或者业务部门等。这些机构是统管文件进出渠道的部门或者是文件具体承办、处理部门,对文件的内容形成及处理情况比较熟悉,负责应归档材料的收集、整理,有利于保障材料齐全完整、科学合理。

该款同时强调,经过整理的相关材料要由本单位档案机构或者档案工作人员集中管理,任何内设机构和个人不得拒绝归档或者据为己有。集中统一管理国家所有的档案,是我国档案工作的基本原则之一,也是长期以来档案工作行之有效的经验。集中管理本单位的档案,不仅有利于档案的日常保管与安全,也有利于档案信息资源的开发利用。实践中,存在少数单位内设机构不按规定集中归档,个人将本单位重要的档案文件长期持有等情形,这样容易造成档案的丢失,给国家和单位造成无法弥补的损失。为了进一步杜绝此类行为,《实施条例》第七章明确了其法律责任。

第二款要求机关、群团组织、国有企业事业单位明确归档范围和档案保管期限。界定归档范围和档案保管期限,明确档案的来源、内容、形式并指明其保管期限,为档案形成主体开展材料收集、归档和保管期限划分提供了直接依据和工作标准，对从源头上确保档案的齐全完整，维护国家档案资源完整和安全，具有非常重要的作用。《机关文件材料归档范围和文书档案保管期限规定》《企业文件材料归档范围和档案保管期限规定》《机关档案管理规定》《企业档案管理规定》对机关、群团组织、国有企业事业单位编制本单位的文件材料归档范围和档案保管期限表提出了明确要求。多年来，各级档案主管部门稳步推动档案保管期限表审核工作，进一步夯实了档案基础业务，优化了档案工作流程，实现了国家档案资源应归尽归。实际上，这也是将部门规章中实践成熟且效果好的规定上升至法规层面。

第三款明确内部审核要求。机关、群团组织、国有企业事业单位分别按照《机关档案管理规定》《企业档案管理规定》开展所属单位的归档范围和档案保管期限审核工作。《机关档案管理规定》第二十八条第三款规定，机关所属机构文件材料归档范围和档案保管期限表报机关审查同意后施行。《企业档案管理规定》第二十八条第一款规定，企业应当编制本企业各类文件材料归档范围和档案保管期限表，并按资产归属关系指导所属单位根据有关规定规范各类文件材料归档范围和档案保管期限表的编制并审批所属单位的文件材料归档范围和档案保管期限表。

> **第二十条** 机关、团体、企业事业单位和其他组织,应当按照国家档案主管部门关于档案移交的规定,定期向有关的国家档案馆移交档案。
>
> 属于中央级和省级、设区的市级国家档案馆接收范围的档案,移交单位应当自档案形成之日起满二十年即向有关的国家档案馆移交。属于县级国家档案馆接收范围的档案,移交单位应当自档案形成之日起满十年即向有关的县级国家档案馆移交。
>
> 经同级档案主管部门检查和同意,专业性较强或者需要保密的档案,可以延长向有关的国家档案馆移交的期限。已撤销单位的档案可以提前向有关的国家档案馆移交。

> 由于单位保管条件不符合要求或者存在其他原因可能导致不安全或者严重损毁的档案，经协商可以提前交有关档案馆保管。

【释 义】

本条是关于档案移交进馆的规定。

第一款、第二款明确向国家档案馆移交档案的一般规定。国家档案馆是为国家集中管理档案、为社会提供档案公共服务的档案馆，国家档案馆馆藏档案的数量与结构状况，直接影响档案为国家治理体系和治理能力现代化服务的质量和水平。1999年《实施办法》修订，在总结几十年档案移交进馆工作经验基础上，明确规定了法定移交期限，即"属于中央级和省级、设区的市级国家档案馆接收范围的档案，立档单位应当自档案形成之日起满20年即向有关的国家档案馆移交；属于县级国家档案馆接收范围的档案，立档单位应当自档案形成之日起满10年即向有关的县级国家档案馆移交"，将有关进馆时间的规定上升到了行政法规层面。通过制度安排，避免了立档单位为了利用上的便利等不按期移交档案，或者档案馆因自身保管能力有限，不愿意按期接收已到期并应进馆的档案等情况，也避免了因对象范围不明确造成档案资源流失，在保障国家档案馆馆藏档案有效来源上发挥了重要的作用。

第三款规定了法定移交期限的两种例外情形。一是延期移交。这是一项行政许可。对专业性较强或者需要保密的档案，立档单位经同级档案主管部门检查和同意，可以延长向有关的国家档案馆移交的期限。关于延长多少时间，立档单位应当在档案主管部门检查的基础上提出申请，并经档案主管部门审批同意后实施。未经同意擅自决定本部门档案不向国家档案馆移交的行为，属于违法行为。二是提前移交。已撤销单位的档案可以提前向有关的国家档案馆移交。《各级各类档案馆收集档案范围的规定》第六条明确，国有企业发生破产转制，事业单位发生撤销等情况，其档案可按照有关规定由本级综合档案馆接收。《机关档案管理规定》对机关撤销或者合并时的档案移交作出了规定，其中，第五十四条第一项、第二项、第四项明确了机关撤销时档案移交的办法：撤销机关的档案，应当由有关主管机关代管或按照规定向同级国家综合档案馆移交；撤销机关的业务分别划归几个机关的，其档案不得分散，可由其中一个机关代管或向同级国家综合档案馆移交；机关所属机构撤销的，其档案由主管机关代管，属于国家综合档案馆接收范围的可按照规定向同级国家综合档案馆移交。

第四款规定了可以提前交有关档案馆保管的情形。档案安全是档案工作的底线，本款规定是从保障国家档案安全角度考虑，对可能导致不安全或者严重损毁的档案提供即时补救措施。针对单位保管条件不符合要求或者存在其他原因可能导致不安全或者严重损毁的档案，经协商可以提前交有关档案馆保管，避免造成无法挽回的损失。在国家规定的移交期限届满前，如涉及政府信息公开事项，其责任仍由原单位承担。

> **第二十一条** 档案馆可以按照国家有关规定，通过接受捐献、购买、代存、交换等方式收集档案。
>
> 档案馆通过前款规定方式收集档案时，应当考虑档案的珍稀程度、内容的重要性等，并以书面协议形式约定相关方的权利和义务，明

> 确相关档案利用条件。
>
> 国家鼓励单位和个人将属于其所有的对国家和社会具有重要保存价值的档案捐献给国家档案馆。国家档案馆应当维护捐献者的合法权益。

【释　义】

本条是关于通过接受捐献、购买、代存、交换等方式收集档案的规定，是对《档案法》第十七条的细化。

第一款明确了档案馆除按照国家有关规定接收移交的档案外，还可以通过接受捐献、购买、代存、交换等方式收集档案。捐献是指档案所有者将档案无偿赠送给档案馆的行为。购买是档案馆有偿取得档案所有权的行为。代存是档案所有者在保持其所有权的前提下，委托档案馆代为保存档案的行为。此外，档案馆还可以通过其他合法方式，如交换的方式收集档案。《档案法》第十八条第二款规定，档案馆与博物馆、图书馆、纪念馆等单位应当在档案的利用方面互相协作，可以相互交换重复件、复制件或者目录，联合举办展览，共同研究、编辑出版有关史料。以这些方式收集档案，是丰富档案馆藏、推动档案资源建设的有效方法，也是抢救珍贵档案资源的重要途径，有利于进一步拓宽档案收集范围，增强国家档案资源体系的完整性。

第二款对通过第一款规定方式收集档案提出要求。一是要综合考虑档案的珍稀程度、内容的重要性等。以上述方式收集档案时，应考虑其稀缺性、代表性以及与馆藏档案的相关性。收集的档案，应至少具有凭证价值、参考价值、研究价值、文化传承价值中的一方面价值，且不能脱离自身需求。如不从本馆自身馆藏资源出发，盲目开展工作，会造成国家资源的浪费与损失。二是要以书面协议形式约定相关方的权利和义务，明确相关档案利用条件。根据《档案法》第三十一条的规定，向档案馆移交、捐献、寄存档案的单位和个人，可以优先利用该档案，并可以对档案中不宜向社会开放的部分提出限制利用的意见，档案馆应当予以支持，提供便利。向档案馆捐献、寄存档案的单位和个人，基于与该档案存在的特定关系，可以享有优先利用该档案的权利和提出限制利用的权利。此处要求档案馆以上述方式收集档案时，应当签订书面协议，对相关方的权利和义务、档案开放与利用进行约定，以防出现知识产权、名誉权、隐私权等纠纷。

第三款明确国家鼓励单位和个人向国家档案馆捐献档案。新中国成立前，各机关、团体、部门、企业事业单位以及著名人物在社会活动中形成了大量的历史档案，一些有较高保存和研究价值的档案由于各种复杂的因素，长期分散在各处，甚至在个人的手中。为了鼓励有关单位和个人向档案馆捐赠档案，《档案法》第二十二条第三款规定，向国家捐献重要、珍贵档案的，国家档案馆应当按照国家有关规定给予奖励。国家档案馆可以采取精神鼓励和物质奖励相结合的办法，对捐赠者给予一定的表扬与荣誉，赠送复制件，并在今后的档案使用上给予方便。

第二十二条　档案馆应当对所保管的档案采取下列管理措施：

（一）建立健全科学的管理制度和查阅利用规范，制定有针对性的安全风险管控措施和应急预案；

（二）配置适宜安全保存档案、符合国家有关规定的专门库房，配备防火、防盗、防水、防光、防尘、防有害气体、防有害生物以及温湿度调控等必要的设施设备；

（三）根据档案的不同等级，采取有效措施，加以保护和管理；

（四）根据需要和可能，配备适应档案现代化管理需要的设施设备；

（五）编制档案目录等便于档案查找和利用的检索工具。

机关、团体、企业事业单位和其他组织的档案保管，参照前款规定办理。

【释　义】

本条是关于档案保管保护措施的规定，是对《档案法》第十九条的细化。

第一款将档案馆保管档案的措施具体规定为五个方面：制度建设、库房配置及设施设备配备、分等级进行保护和管理、引进现代化管理、档案检索工具要求。

1. 制度建设。建立科学的档案管理制度是档案馆以及机关、团体、企业事业单位和其他组织的档案机构管理档案的基本要求，其目的是规范档案收集、整理工作，有效保护和利用档案。为了充分发挥档案作用，维护单位和个人利用档案的权利，《档案法》第二十八条明确要求，档案馆应当不断完善利用规则。档案馆应当建立健全档案查阅利用规范，单位和个人应当遵守查阅利用规范，档案馆开放利用档案，也应当符合查阅利用规范。为加强档案安全风险管理，提高档案安全应急处置能力，《档案法》第十九条对建立健全档案安全工作机制提出要求，档案馆应当制定有针对性的安全风险管控措施和应急预案，避免档案实体和信息面临损毁、灭失、被篡改、泄露等安全隐患。

2. 库房配置及设施设备配备。《关于进一步加强档案安全工作的意见》提出，档案库房要配备齐全防火、防盗、防潮、防水、防日光及紫外线、防尘、防污染、防有害生物等设施设备，安装监控和门禁设施，并保障各种设施设备完好及正常运行，避免出现设施设备不全，或者设施设备不运行或者间断运行的情况，影响档案安全。《档案馆建筑设计规范》（JGJ 25—2010）提出，建筑、结构、防火、热工、节能、电气、照明、给水排水、暖通空调等设计规范，应严格按照标准要求设计、建设档案馆。为保障传统档案和电子档案载体安全，一定要切实满足档案保管中防火、防盗、防水、防光、防尘、防有害气体、防有害生物以及温湿度调控等设施设备配备的要求。

3. 分等级进行保护和管理。《实施条例》第五条明确规定了国家档案馆馆藏的永久档案分一、二、三级管理。国家档案馆应当按照馆藏档案的具体情况，对不同等级的档案，采取不同的保管措施，且所采取的措施必须对这部分划入等级范围的档案的安全保管是有效的。实践中，不少档案馆将馆藏珍贵或者重要档案保管在配置较好设施的重点库房，对珍贵或者重要的档案优先抢救。

4. 引进现代化管理。实现档案管理的现代化是档案工作满足社会各方面对档案需求的必由之路。要最大限度地实现档案的安全保管和有效利用，离不开档案管理的现代化。档案部门基于档案保管或者档案利用的实际需要，配备现代化管理需要的设施设备。同时，在引进新技术、新设备时要进行可靠性论证。

5. 档案检索工具要求。档案检索工具是记录、报道、查找档案材料的手段，是利用、开发档案信息资源的工具，按照编制方式可以分为目录、索引、指南等。目录是将档案的著录条目，按照一定次序编排而成的检索工具，主要有案卷及卷内文件目录、归档文件目录、专题目录等。索引是将文件或案卷中所反映的某一内部或外部特征分别摘录、注明出处，以一定的顺序编排而成的检索工具，一般分为人名索引、地名索引、档案存放地点索引等。指南是以文章叙述的形式，综合介绍档案情况的一种检索工具，主要有全宗指南、专题指南等。信息化条件下，编制档案检索工具要与档案管理信息化充分结合，满足档案信息高效检索、利用的需求。

第二款提出机关、团体、企业事业单位和其他组织的档案保管，应当根据本单位安全保管档案的需要，参照第一款规定办理。

第二十三条 县级以上人民政府应当采取措施，保障国家档案馆依法接收档案所需的库房及设施设备。

> 任何单位和个人不得侵占、挪用国家档案馆的馆舍，不得擅自改变国家档案馆馆舍的功能和用途。
>
> 国家档案馆馆舍的建设，应当符合实用、安全、科学、美观、环保、节约的要求和国家有关工程建设标准，并配置无障碍设施设备。

【释　义】

本条是关于国家档案馆馆舍专用和建设的规定。

《档案法》第十五条第一款规定，机关、团体、企业事业单位和其他组织应当按照国家有关规定，定期向档案馆移交档案，档案馆不得拒绝接收。国家档案馆接收收集范围内的档案是法定的义务和责任，必须履行。档案库房是档案保存的主要场所，档案库房最基本的功能是为档案提供安全存放的足够空间，档案库房的内外部环境要有利于档案的安全保管。设施设备是档案保管的必要工具，是档案安全保管必不可少的保障条件。档案保管的设施设备主要包括温湿度调节和检测设备、防火防盗等安全装置、照明设备、档案保护和修复设备等。

针对现实中存在的国家档案馆库房容量无法承载现有应接收档案、馆库条件无法保障档案接收的情形，《实施条例》明确了县级以上人民政府应当采取措施，保障国家档案馆依法接收档案所需的库房及设施设备。

现实中，一些档案馆因馆舍被非法侵占或挪作他用而影响档案安全保管。为确保档案实体管理安全，《实施条例》专门规定，任何单位和个人不得侵占、挪用国家档案馆的馆舍，不得擅自改变国家档案馆馆舍的功能和用途。同时，《实施条例》第五十条明确了单位或者个人侵占、挪用国家档案馆的馆舍所要承担的法律责任。

《实施条例》参照《政府信息公开条例》等有关规定，对国家档案馆馆舍的建设提出了要求。《政府信息公开条例》第二十五条第一款规定，各级人民政府应当在国家档案馆、公共图书馆、政务服务场所设置政府信息查阅场所，并配备相应的设施、设备，为公民、法人和其他组织获取政府信息提供便利。

> **第二十四条** 机关、团体、企业事业单位和其他组织应当定期对本单位保管的保管期限

> 届满的档案进行鉴定，形成鉴定工作报告。
>
> 经鉴定仍需继续保存的档案，应当重新划定保管期限并作出标注。经鉴定需要销毁的档案，其销毁工作应当遵守国家有关规定。

【释　义】

本条是关于档案鉴定、销毁的规定，是对《档案法》第二十一条的细化。

按照国家档案局的相关规定，机关文书档案和企业档案的保管期限分为永久、定期两种，定期一般分为30年、10年。对于保管期限届满的档案，需要根据其来源、反映的职能作用、利用价值等进行鉴别，确定档案价值的变化并调整保管期限，判定仍有继续保存价值的部分予以继续保存，剔除不具有继续保存价值的部分进行处置。这有助于优化档案资源，也能够节省人力物力，有效降低档案管理成本。

多年来，国家档案局起草或者制定的多部法规制度对档案鉴定、销毁作出具体规定。1980年，国务院批准的《科学技术档案工作条例》对要销毁的科技档案提出要求。1983年，中共中央办公厅、国务院办公厅发布的《机关档案工作条例》要求机关应定期对已超过保管期限的档案进行鉴定，并对档案鉴定及销毁的程序作出规定。2015年，国家档案局、民政部联合发布《城市社区档案管理办法》，对社区建设中形成的档案的鉴定及销毁作出规定。2017年，国家档案局、民政部、原农业部联合发布《村级档案管理办法》，对村级档案的鉴定及销毁作出规定。2018年，国家档案局发布《机关档案管理规定》，对机关档案的鉴定处置、销毁程序等作出进一步规定。2020年，国家档案局、科技部联合发布《科学技术研究档案管理规定》，对科研档案的鉴定、销毁作出规定。2021年，国家档案局发布《乡镇档案工作办法》，对乡镇档案的鉴定、销毁作了规定。2023年，国家档案局发布《企业档案管理规定》，对企业档案的鉴定处置、销毁程序等作出规定。本条意在推进档案鉴定工作更加科学、规范，强调销毁工作应当遵守国家有关规定。

第二十五条　县级以上档案主管部门可以依托国家档案馆，对下列属于国家所有的档案中具有永久保存价值的档案分类别汇集有关目录数据：

（一）机关、群团组织、国有企业事业单位形成的档案；

（二）第一项所列单位之外的其他单位，经法律法规授权或者受国家机关依法委托管理公共事务形成的档案；

（三）第一项所列单位之外的其他单位或者个人，由国家资金支持，从事或者参与建设工程、科学研究、技术创新等活动形成的且按照协议约定属于国家所有的档案；

（四）国家档案馆保管的前三项以外的其他档案。

涉及国防、外交、国家安全、公共安全等

> 的档案的目录数据，其汇集范围由有关档案主管部门会同档案形成单位研究确定。

【释　义】

本条是关于国有永久档案目录数据汇集的规定。

《档案法》中有多处条款对国家所有的档案有明确的规定。本条所列范围内的档案均属于国家所有的档案。

目前，国有档案保存在各级国家档案馆以及各档案形成单位中，有必要由档案主管部门主动汇集其中具有永久保存价值的国有档案的目录数据，以便摸清国有档案家底、掌握国有档案基本情况。在总结近年来脱贫攻坚档案和疫情防控档案归集工作有关实践经验基础上，《实施条例》对有关国有档案目录数据汇集工作进行规定，县级以上档案主管部门可以国家档案馆为依托，建立目录数据汇集制度，对本行政区域机关、群团组织、国有企业事业单位等国家所有的档案资源进行整体把控，有助于深入了解、有效统筹整合国家档案资源，为当前利用决策提供参考，为提高档案共享利用能力打牢基础。

考虑到一些涉及国防、外交、国家安全、公共安全等国家重大利益的档案,涉及业务工作信息等,涉密程度较高,从目录数据安全角度考虑,需要分类汇集。因此《实施条例》规定,其汇集范围由有关档案主管部门会同档案形成单位研究确定。

> 第二十六条 档案馆和机关、团体、企业事业单位以及其他组织为了收集、交换散失在国外的档案、进行国际文化交流,以及适应经济建设、科学研究和科技成果推广等的需要,经国家档案主管部门或者省、自治区、直辖市档案主管部门依据职权审查批准,可以向国内外的单位或者个人赠送、交换、出售属于国家所有的档案的复制件。

【释 义】

本条是对国有档案复制件赠送、交换、出售的规定。

此条是对《档案法》规定的行政许可的细化、补充。理解执行本条规定要注意,首先,属于国家所有的档案禁止买卖。其次,只有在下列情况下,经国家档案主管部门或者省、自治区、直辖市档案主管部门审查批准，才可以向国内外的单位或者个人进行国有档案的复制件的赠送、交换、出售：（1）为了收集、交换散失在国外的档案；（2）为了进行国际文化交流；（3）为了经济建设的需要；（4）为了科学研究的需要；（5）为了科技成果推广的需要；（6）为了国家利益的其他需要。

无论是在国内还是在国际，进行国有档案的复制件的赠送、交换、出售都必须经过有权对该档案进行审查的机关审查批准。《实施条例》将审查机构明确规定为两级，强调国家档案局和省、自治区、直辖市档案主管部门依据职权进行审查批准。

本条将审批范围限定为"属于国家所有的档案的复制件"。主要原因是，2017年《国务院关于修改和废止部分行政法规的决定》删去了《实施办法》第十七条，即取消了对赠送、交换、出卖非国有档案的审批。

> **第二十七条** 一级档案严禁出境。二级档案需要出境的，应当经国家档案主管部门审查批准。

除前款规定之外，属于《档案法》第二十五条规定的档案或者复制件确需出境的，有关档案馆、机关、团体、企业事业单位和其他组织以及个人应当按照管理权限，报国家档案主管部门或者省、自治区、直辖市档案主管部门审查批准，海关凭批准文件查验放行。

档案或者复制件出境涉及数据出境的，还应当符合国家关于数据出境的规定。

相关单位和个人应当在档案或者复制件出境时主动向海关申报核验，并按照出境申请审查批准意见，妥善保管、处置出境的档案或者复制件。

【释 义】

本条是关于档案或者复制件出境的规定。

此条是对《档案法》规定的行政许可的细化、补充。《档案法》第二十五条规定，属于国家所有的档案和本法第二十二条规定的档案及其复制件，禁止擅自运送、邮寄、携带出境或者通过互联网传输出境。确需出境的，按照国家有关规定办理审批手续。根据这一原则性规定，属于国家所有的档案及其复制件，以及非国有企业、社会服务机构等单位和个人形成的，对国家和社会具有重要保存价值或者应当保密的档案及其复制件，禁止擅自出境。

国家档案馆馆藏永久档案中被确定为一级档案的，档案原件任何组织与个人均不允许运送、邮寄、携带出境或者通过互联网传输出境。

国家档案馆馆藏永久档案中被确定为二级档案的，档案原件需要运送、邮寄、携带出境或者通过互联网传输出境的，必须经国家档案局审查批准。

一级档案复制件、二级档案复制件和其他禁止擅自出境的档案或者复制件，需要运送、邮寄、携带出境或者通过互联网传输出境的，应当按照管理权限，经国家档案局或者省、自治区、直辖市档案主管部门审查批准。

如无批准文件私自携运上述档案或者复制件出境的，海关或者有关部门依据有关法律将予以截获并加以处罚。同时，为做好与法律法规的衔接，首次明确档案或者复制件出境涉及数据出境时还应当符合国家关于数据出境的相关规定。

《实施条例》新增档案或者复制件出境后的处置要

求，进一步强调相关单位和个人应当妥善保管、处置出境的档案或者复制件。

> **第二十八条** 档案馆和机关、团体、企业事业单位以及其他组织依照《档案法》第二十四条的规定委托档案服务时，应当确定受委托的档案服务企业符合下列条件：
>
> （一）具有企业法人资格和相应的经营范围；
>
> （二）具有与从事档案整理、寄存、开发利用、数字化等相关服务相适应的场所、设施设备、专业人员和专业能力；
>
> （三）具有保证档案安全的管理体系和保障措施。
>
> 委托方应当对受托方的服务进行全程指导和监督，确保档案安全和服务质量。

【释　义】

本条是关于委托档案服务时，受委托的档案服务企业应当符合的条件以及委托方责任的规定。

第一款从三个方面对委托方委托档案服务时,受委托的档案服务企业应当符合的条件提出要求:

一是对企业法人资格和相应的经营范围的要求。之所以要求档案服务企业具有企业法人资格,是因为档案服务企业主要以营利为目的开展档案整理等服务,要独立承担民事责任,具备民事赔偿能力。经营范围的登记是市场主体确认其主要经营活动项目、对外公示所营业务信息的法定渠道。《市场主体登记管理条例》第十四条第二款规定,市场主体应当按照登记机关公布的经营项目分类标准办理经营范围登记。目前,档案服务外包在市场监管部门牵头编制的经营范围规范目录内,因此,要求档案服务企业规范经营范围的登记,明确内部责任,降低市场信息不对称性。

二是对场所、设施设备、专业人员和专业能力的要求。出于档案安全和保密的需要,相较于一般的办公场所,从事档案整理、寄存、开发利用、数字化等相关服务所需的设施场地在温湿度监测调控系统、消防系统、安防系统等方面要求更高。国家档案局印发的《档案数字化外包安全管理规范》,对数字化加工场所安全管理提出了要求，数字化加工场所应符合防盗、防火、防尘、防水、防潮、防高温、防日光及紫外线照射、防有害生物、防污染等安全要求，应配备满足安全管理需要的视频监控设备、档案装具等。此外，国家档案局以系列标准形式发布《档案服务外包工作规范》（DA/T68），规定了档案服务外包领域发包方、承包方、监管机构、第三方机构等相关主体在档案外包服务中应遵循的工作规范，包括档案服务外包工作选定的场所和配备的设施设备需要符合的标准规范等。档案服务外包工作专业性强，涉及档案管理、质量管理、保密管理、风险管理、知识产权管理、环境管理和职业健康管理等众多岗位，这就要求从业人员具备相关的专业知识和能力，以保障委托服务活动正常开展。

　　三是对保证档案安全的管理体系和保障措施的要求。行之有效的规章制度和保障措施是档案服务外包工作正常开展的有力保障。档案服务企业应当制定和落实相关管理制度，建立和完善涵盖战略管理、资源管理、业务管理、安全管理等各种要素的档案服务管理体系。档案服务企业要严格执行国家及地区档案业务标准规范，采取相应的措施，以确保档案安全为最基本要求，提高业务能力，持续提升服务能力、改进服务质量。同时，档案服务企业应建立应急预案，提升风险防控能力。

第二款明确档案馆和机关、团体、企业事业单位以及其他组织作为委托方，应对接受委托的档案服务企业即受托方的工作全过程进行监控，对受托方的人员、工作场所、基础设施、技术、管理工作、业务操作进行必要的指导和监督，将各项风险降低到可控范围内，确保档案的实体安全和信息安全，达到委托协议约定的服务质量和技术标准。

第四章　档案的利用和公布

本章共 9 条（第二十九条至第三十七条），对档案开放、档案开放审核、延期开放、档案复制件的法律效力、档案利用的形式和要求、未开放档案的利用、档案公布的概念和形式、档案的公布权、馆藏档案的开发利用和公布等作出具体规定，使我国有关档案利用、公布的法律规定更加明确和具有可操作性。正确理解和掌握本章规定，对于提升档案开放利用水平，使档案资源更好地为经济建设、社会发展服务具有重要意义。

> **第二十九条 国家档案馆应当依照《档案法》的有关规定，分期分批向社会开放档案，并同时公布开放档案的目录。**

【释 义】

本条是关于档案开放的规定。

档案工作要由封闭向开放、由重保管向重服务转变，要及时向领导机关、向社会提供有价值的信息，为经济建设、社会发展服务。档案是对国家和社会具有现实查考使用价值和研究价值的宝贵财富，依法向社会开放档案，充分利用档案数字资源，更好地为中国特色社会主义事业服务，是档案立法的根本目的和宗旨。《"十四五"全国档案事业发展规划》提出，人民生活水平显著提高，对档案信息、档案文化的需求日益增长，迫切要求加快档案开放、扩大档案利用、提供优质高效服务。《档案法》第二十七条规定了档案向社会开放的期限，第二十八条规定了档案开放利用相关要求。理解和执行本条应当与上述规定结合起来。

《档案法》第二十七条规定，县级以上各级档案馆的档案，应当自形成之日起满二十五年向社会开放。经济、教育、科技、文化等类档案，可以少于二十五年向社会开放；涉及国家安全或者重大利益以及其他到期不宜开放的档案，可以多于二十五年向社会开放。县级以上各级档案馆，目前主要指各级国家档案馆，包括县级以上综合档案馆和专门档案馆。这一规定确立了档案向社会定期开放的一般性原则。本条将定期开放具体规定为分期分批向社会开放，同时，进一步强调了向社会开放档案的主体为国家档案馆，即明确了只有国家档案馆才具有向社会开放档案的法定职责。本条规定的"分期分批向社会开放档案"，是考虑到国家档案馆每年都有一定数量的档案，属于到期应向社会开放的档案，规定"分期分批"，使负有开放任务的国家档案馆能够根据社会发展和时代需要，在保证档案安全的前提下，积极稳妥做好档案开放工作。

本条规定"并同时公布开放档案的目录"，是指"分期分批"开放档案的同时，应公布同批次开放档案的目录。《档案法》第二十八条第一款规定，档案馆应当通过其网站或者其他方式定期公布开放档案的目录。还有相关配套规定进一步细化了有关要求，如《国家档案馆档案开放办法》第十六条规定，国家档案馆应当将有关档案开放的信息通过互联网政务媒体、新闻发布会以及报刊、广播、电视等便于公众知晓的方式及时予以公布，并通过网站或者其他方式定期公布开放档案的目录。

> **第三十条** 国家档案馆应当建立馆藏档案开放审核协同机制，会同档案形成单位或者移交单位进行档案开放审核。档案形成单位或者移交单位撤销、合并、职权变更的，由有关的国家档案馆会同继续行使其职权的单位共同负责；无继续行使其职权的单位的，由有关的国家档案馆负责。
>
> 尚未移交进馆档案的开放审核，由档案形成单位或者保管单位负责，并在移交进馆时附具到期开放意见、政府信息公开情况、密级变更情况等。

> 县级以上档案主管部门应当加强对档案开放审核工作的统筹协调。

【释 义】

本条是关于档案开放审核的规定,是对《档案法》第三十条规定的细化。

档案开放审核是确保档案开放工作安全有序的重要前提。为明晰档案开放审核的主体,促进档案开放利用,《档案法》第三十条新增了关于档案开放审核的规定。《实施条例》在《档案法》第三十条的基础上,完善了档案开放审核工作机制,明确了国家档案馆、档案形成单位、移交单位、保管单位,档案主管部门各自的职责,推动国家档案馆馆藏档案依法、有序向社会开放。

第一款规定国家档案馆应当建立馆藏档案开放审核协同机制。《实施条例》在总结近年来工作实践经验的基础上,提出了国家档案馆建立馆藏档案开放审核协同机制,并对此作出具体细化的规定,明确要求国家档案馆"会同档案形成单位或者移交单位进行档案开放审核"。这是此次《实施条例》新增的条款,突出了国家档案馆对于馆藏档案开放审核和建立会同审核工作机制的主体责任，明确了档案形成单位或者移交单位的协同审核责任。国家档案馆与档案形成单位或者移交单位共同组成档案开放审核主体，促进开放审核结果更加科学合理。一方面，档案馆实际保管档案，了解和掌握档案是否临近开放期限等情况；另一方面，档案形成单位或者移交单位对档案内容相对比较了解，熟悉相关情况，对是否能够开放有自己的认识和判断。此外，考虑到机构调整可能引起单位撤销、合并、职权变更等，明确了档案形成单位或者移交单位变动后的承接单位。

第二款细化对尚未移交进馆档案的开放审核的要求。《档案法》第三十条规定，尚未移交进馆档案的开放审核，由档案形成单位或者保管单位负责，并在移交时附具意见。《实施条例》在此基础上进一步细化，对档案开放审核与政府信息公开、解密审核的关联性加以明确，要求"在移交进馆时附具到期开放意见、政府信息公开情况、密级变更情况等"。档案形成单位或者保管单位的到期开放意见与材料本身的政府信息公开情况、降解密情况是衡量档案开放与否的主要参考因素。《政府信息公开条例》第十四条规定，依法确定为国家秘密的政府信息，法律、行政法规禁止公开的政府信息，以及公开后可能危及国家安全、公共安全、经济安全、社会稳定的政府信息，不予公开，同时，第二十条还明确了十五类应向社会主动公开的政府信息。《国家秘密解密暂行办法》第四条第二款明确要求，机关、单位应当建立健全与档案管理、信息公开相结合的解密审核工作机制，明确定密责任人职责和工作要求，做到对所确定的国家秘密保密期限届满前必审核、信息公开前必审核、移交各级国家档案馆前必审核。《实施条例》的细化要求，实现了档案开放利用法律规定与政府信息公开、档案解密审核等工作规定要求的有效衔接，既维护了法制统一性，又是对公民知情权的有力保障。

第三款规定县级以上档案主管部门应当加强对档案开放审核工作的统筹协调。为进一步推进档案开放审核工作，《实施条例》要求档案主管部门切实履行统筹协调职责，协调各方的审核意见与工作安排，加快推动馆藏档案依法、有序向社会开放。

> **第三十一条** 对于《档案法》第二十七条规定的到期不宜开放的档案,经国家档案馆报同级档案主管部门同意,可以延期向社会开放。

【释 义】

本条是关于档案延期开放的规定。

县级以上各级档案馆的档案,应当自形成之日起满25年向社会开放,这是档案开放的一般性原则。涉及国家安全或者重大利益以及其他到期不宜开放的档案,可以多于25年向社会开放。《国家档案馆档案开放办法》第八条列举了可以延期向社会开放的四种情形,包括:(1)涉及国家秘密且保密期限尚未届满、解密时间尚未到达或者解密条件尚未达成的;(2)涉及国家和社会重大利益,开放后可能危及国家安全和社会稳定的;(3)涉及知识产权、个人信息,开放后会对第三方合法权益造成损害的;(4)其他按照有关法律、行政法规和国家有关规定应当限制利用的。《实施条例》明确了延期开放的申请程序与审核主体，规定经国家档案馆报同级档案主管部门同意，可以延期向社会开放。延期到何时，则由档案主管部门根据有关规定和具体情况决定，体现了灵活性。

档案延期开放原为行政许可事项，目前已转为内部审批事项。考虑到延期向社会开放档案的申请主体是国家档案馆，根据《国务院办公厅关于全面实行行政许可事项清单管理的通知》，此事项不再属于行政许可，档案主管部门可通过内部监督管理措施约束该行为。同时，考虑到同级档案主管部门对国家档案馆保管档案历史背景、现实情况更为了解，本条从实际出发优化审批层级，将延期向社会开放档案的审批权下放给同级档案主管部门，有利于同级档案主管部门统筹和掌握本地区档案开放工作情况，更好地推动落实档案开放审核协同机制。

> **第三十二条** 档案馆提供社会利用的档案，应当逐步实现以复制件代替原件。数字、缩微以及其他复制形式的档案复制件，载有档案保管单位签章标识的，具有与档案原件同等的效力。

【释　义】

本条是关于以档案复制件代替原件提供利用和档案复制件的法律效力的规定。

在全国各级各类档案馆所保存的档案中，有大量珍贵的档案。有许多档案因形成年代久远已经出现纸张老化变脆或者字迹褪变、扩散等问题。根据《档案法》的规定，这些档案从其形成时间上说，已到法律所规定的向社会开放的期限，应当依法提供利用。为达到既能有效保护档案原件的完整与安全，又方便提供利用的目的，1983 年《档案馆工作通则》第二十一条就规定了档案馆提供利用档案"应尽量以复制件代替原件"。《国家档案馆档案开放办法》第二十三条和第二十六条规定，已经印刷、复印、缩微、翻拍及数字化等复制处理的档案，国家档案馆应当使用复制件代替原件提供利用。古老、珍贵和重要档案，原则上不提供原件利用。举办展览、展示等活动需要使用国家档案馆档案的，一般应当使用复制件代替原件，档案原件原则上不外借。各级各类档案馆应当依照上述规定，根据各自的实际情况，通过数字、缩微以及其他复制形式，逐步实现以复制件代替原件，做到既积极提供利用，又保护档案原件。

本条规定，数字、缩微以及其他复制形式的档案复制件，如果载有档案保管单位签章标识，则与档案原件具有同等的效力，即可以作为可信证据的法律效力或者作为办事依据的证明力。此规定既有利于保护档案原件的完整与安全，又能有效地防止利用档案作假的现象。档案保管单位，包括各级各类档案馆、机关、企业等，提供的档案复制件在一定条件下具有与档案原件同等的查证、证明效力。办公信息化环境下，签章标识既包含加盖公章，又涵盖能够证明对复制件内容认可的技术措施。

应当注意的是，这里的具有与档案原件同等的效力，不是指档案复制件可以代替原件保存，从而将档案原件销毁。此处主要指可以代替原件提供利用，以减少对原件的损害。数字、缩微以及其他复制形式的档案复制件只是改变了原档案的载体形式，但档案的内容并没有改变，加之载有档案保管单位签章标识，足以证明其真实性和合法性。档案原件仍须继续保存。

> **第三十三条** 档案馆可以通过阅览、复制和摘录等形式,依法提供利用档案。
>
> 国家档案馆应当明确档案利用的条件、范围、程序等,在档案利用接待场所和官方网站公布相关信息,创新档案利用服务形式,推进档案查询利用服务线上线下融合。

【释 义】

本条是关于档案利用的形式和要求的规定。

第一款明确档案馆依法提供利用档案的形式。伴随着经济社会的发展,各类组织和个体利用档案来分析确认事实、进行历史研究、总结经验规律等的需求日渐高涨,档案在国家经济、政治、文化、社会、生态文明、军事、外事、科技等方面发挥着越来越重要的作用。档案馆向利用者提供利用档案,主要有以下形式:一是阅览。阅览指利用者到档案馆内专设的阅览室、接待室等场所,或者通过档案馆提供的在线服务等方式,查阅其所需要的档案原件或者复制件。二是复制。复制指对利用者所需要利用的档案，由档案馆为其进行复制，供利用者带回利用。三是摘录。摘录指利用者在档案馆利用档案过程中，将其中所需要的部分誊抄下来以供自己查证、研究之需。

第二款对国家档案馆档案利用工作提出要求，规定国家档案馆在提供档案利用中承担的职责，应当明确档案利用的条件、范围、程序等，并在档案利用接待场所和官方网站，向社会及利用者公布相关信息。随着档案开放工作的不断推进和公众档案意识的不断提高，公众的档案利用需求也不断提升。《实施条例》明确要求国家档案馆创新档案利用服务形式，不断强化服务功能，推进档案查询利用服务线上线下融合，为国家档案馆提升档案利用水平，推进档案利用服务便捷化、智能化提供了遵循。

第三十四条 机关、团体、企业事业单位和其他组织以及公民利用国家档案馆保管的未开放的档案，应当经保管该档案的国家档案馆

> 同意，必要时，国家档案馆应当征得档案形成单位或者移交单位同意。
>
> 机关、团体、企业事业单位和其他组织的档案机构保管的尚未向国家档案馆移交的档案，其他机关、团体、企业事业单位以及公民需要利用的，应当经档案形成单位或者保管单位同意。

【释　义】

本条是关于未开放档案利用的规定，是对《档案法》第二十九条的细化。

国家档案馆保管的档案，除向社会开放的档案外，还有未开放的档案。此外，有关机关、团体、企业事业单位和其他组织也有自己保管的、尚未向国家档案馆移交的档案。这些档案虽然还未开放，但具有重要价值和作用，在特定情况下可以利用。根据《档案法》第二十九条的规定，利用主体根据经济建设、国防建设、教学科研和其他工作的需要，可以按照国家有关规定，利用档案馆未开放的档案以及有关机关、团体、企业事业单位和其他组织保存的档案。需要注意的是，利用主体是机关、团体、企业事业单位和其他组织以及公民。这里规定的是"公民"，而不是"个人"。因此，除特殊情况外，外国人是不能利用档案馆未开放的档案以及有关机关、团体、企业事业单位和其他组织保存的档案的。

第一款是利用国家档案馆未开放档案的规定。对于国家档案馆保管的未开放的档案，利用者如果需要利用，应当经保管该档案的国家档案馆同意。档案馆保存的档案形成年代相对久远，实际工作中存在档案馆不了解相关单位政策调整等难以判断可否提供利用的情形。考虑到档案形成单位或者移交单位对政策比较了解，掌握相关情况，因此，必要时，国家档案馆应当征得档案形成单位或者移交单位同意。

第二款是利用尚未向国家档案馆移交的档案的规定。机关、团体、企业事业单位和其他组织的档案机构保管的档案，应当按照国家档案主管部门关于档案移交的规定，定期向有关的国家档案馆移交。这些档案在向有关国家档案馆移交前，主要供本单位基于工作需要查考利用。本单位以外的利用者如果需要利用，须经保存该档案的单位同意。

需要注意的是，利用档案涉及知识产权、个人信息的，也应当遵守有关法律、行政法规的规定。

> **第三十五条** 《档案法》第三十二条所称档案的公布，是指通过下列形式首次向社会公开档案的全部或者部分原文：
>
> （一）通过报纸、期刊、图书、音像制品、电子出版物等公开出版；
>
> （二）通过电台、电视台、计算机信息网络等公开传播；
>
> （三）在公开场合宣读、播放；
>
> （四）公开出售、散发或者张贴档案复制件；
>
> （五）在展览、展示中公开陈列。

【释　义】

本条是关于档案公布的概念及档案公布形式的具体规定。

档案的公布是指档案的所有者及其授权的单位或个人，依法将可以向社会公开的档案的全部或者部分原文，通过报纸、期刊、图书、音像制品、电子出版物等公开出版，电台、电视台、计算机信息网络等公开传播，在公开场合宣读、播放，公开出售、散发或者张贴档案复制件以及在展览、展示中公开陈列等形式，首次向社会公开发布，使社会知晓的行为。

档案是党和国家的重要资源和宝贵财富，保护档案的最终目的就是更好地利用这笔财富，而公布档案是方便社会各方面利用档案的重要渠道之一，也是有效开发档案信息资源的重要手段。《档案法》和《实施条例》对此作了专门规定。《档案法》第三十二条规定："属于国家所有的档案，由国家授权的档案馆或者有关机关公布；未经档案馆或者有关机关同意，任何单位和个人无权公布。非国有企业、社会服务机构等单位和个人形成的档案，档案所有者有权公布。公布档案应当遵守有关法律、行政法规的规定，不得损害国家安全和利益，不得侵犯他人的合法权益。"《档案法》这一规定明确了所有权属于不同主体的档案，其公布权不同，同时，指出了公布权必须在法律、行政法规规定的范围内行使。

档案公布的形式，从内容上讲，可以分为首次向社会公开档案的全部原文或者部分原文。公开档案的全部原文是指首次公开某件或者某些档案的全部内容；公开档案的部分原文是指首次公开某件或者某些档案的部分内容。从手段上讲，主要有本条所规定的五种形式。凡符合此五种形式的都属于公布档案的行为。档案的所有者及其授权的单位或者个人依此五种形式公布档案的行为是合法的行为。

第三十六条 公布属于国家所有的档案，按照下列规定办理：

（一）保存在档案馆的，由档案馆公布；必要时，应当征得档案形成单位或者移交单位同意后公布，或者报经档案形成单位或者移交单位的上级主管部门同意后公布；

（二）保存在各单位档案机构的，由各单位公布；必要时，应当报经其上级主管部门同意后公布；

> （三）利用属于国家所有的档案的单位和个人，未经档案馆或者有关单位同意，均无权公布档案。
>
> 档案馆对寄存档案的公布，应当按照约定办理；没有约定的，应当征得档案所有者的同意。

【释　义】

本条是关于公布档案的权限的规定，是对《档案法》第三十二条规定的具体化。

第一款对属于国家所有的档案的公布权作出具体规定。公布档案是有效利用档案的一个重要手段。一是保存在档案馆的，由档案馆公布。必要时，由档案馆事先征得档案形成单位或者移交单位的同意，或者报经档案形成单位或者移交单位的上级主管部门同意。此处两者是并列关系。这里的"必要时"，是指档案涉及国家重大利益或者公民个人隐私等内容，档案馆不能决定是否公布时。二是保存在各单位档案机构的，由各单位公布。其中涉及一些国家重大利益或者公民个人隐私等内容，本单位不能决定是否公布的，应当报经其上级主管部门同意。三是利用属于国家所有的档案的单位和个人，未经档案馆或者有关单位同意，均无权公布档案。属于国家所有的档案，其公布权由国家授权的档案馆或有关机关行使。利用者摘抄、复制的档案，如不违反国家有关规定，可以在研究著述中引用，但不得擅自公布。擅自公布属于国家所有的档案的，应当依法承担相应的法律责任。

第二款对寄存档案的公布作出规定。《档案法》第三十二条对所有权属于不同主体的档案的公布权作出规定。寄存只是保管地点和档案使用权的改变，档案的所有权没有转移，因此，寄存在档案馆的档案，档案馆公布应当征得档案所有者的同意。此处也提示，在档案寄存的同时，应当考虑对公布作出约定。

第三十七条 国家档案馆应当根据工作需要和社会需求，开展馆藏档案的开发利用和公布，促进档案文献出版物、档案文化创意产品等的提供和传播。

> 国家鼓励和支持其他各类档案馆向社会开放和公布馆藏档案，促进档案资源的社会共享。

【释　义】

本条是关于促进馆藏档案的开发利用和公布的规定。

国家档案馆作为集中管理国家档案资源的机构，要积极促进馆藏档案的开发利用和公布。《档案法》第三十三条第二款规定，档案馆应当配备研究人员，加强对档案的研究整理，有计划地组织编辑出版档案资料，在不同范围内发行。这说明国家对组织编辑档案文献出版物非常重视，这也是国家档案馆的职责。《"十四五"全国档案事业发展规划》明确提出，加强档案文化创意产品开发。越来越多的档案部门深入挖掘档案资源，积极开发具有知识性、创意性、趣味性等的档案文化创意产品，受到社会大众的喜爱。本条首次规定"国家档案馆应当根据工作需要和社会需求，开展馆藏档案的开发利用和公布，促进档案文献出版物、档案文化创意产品等的提供和传播"，充分彰显档案的文化价值和社会价值，从而有助于实现档案开放利用水平的进一步提高。

除国家档案馆外,国家也鼓励和支持部门档案馆、企业事业单位档案馆等其他各类档案馆向社会开放和公布馆藏档案,促进档案资源的社会共享。这一规定将引导其他档案馆主动作为,创新档案开放共享与文化传播机制,档案工作"存史资政育人"的功能作用将进一步显现。

第五章　档案信息化建设

新修订的《档案法》增设了"档案信息化建设"专章，《实施条例》同时设置了本章，对上位法原则性要求作出了具体规定，使之更具可操作性。本章共7条（第三十八条至第四十四条），对电子档案管理关键环节如归档、移交等提出了具体要求，同时，明确了档案信息化关键基础工作要求。

档案信息化是应用现代信息技术对档案资源进行收集、管理和开发利用的系统性工作。各级各类档案机构应当充分认识档案信息化的重要性和必要性，贯彻落实法律法规，推动档案信息化更好地融入数字中国建设，融入各级数字政府、数字经济、数字社会等发展规划，在深度融合中借势借力，以信息化驱动档案工作转型升级。

> **第三十八条** 机关、团体、企业事业单位和其他组织应当加强档案信息化建设，积极推进电子档案管理信息系统建设。
>
> 机关、群团组织、国有企业事业单位应当将档案信息化建设纳入本单位信息化建设规划，加强办公自动化系统、业务系统归档功能建设，并与电子档案管理信息系统相互衔接，实现对电子档案的全过程管理。
>
> 电子档案管理信息系统应当按照国家有关规定建设，并符合国家关于网络安全、数据安全以及保密等的规定。

【释 义】

本条是关于档案信息化建设和电子档案管理信息系统建设的规定，是对《档案法》第三十五条、第三十六条的细化。

档案信息化工作是各单位信息化建设的重要组成部分，也是实现数字化转型的关键一环。各单位应当充分认识档案信息化的重要性和必要性，为档案信息化构建良好的实施和发展环境，保障档案信息化建设的经费预算、基础设施和人员，积极推进电子档案管理信息系统建设。电子档案管理信息系统是各单位确保电子档案安全保管和有效利用的主要信息化基础设施，是开展档案信息化工作的必备条件。各单位可以根据单位内部信息化建设的整体模式和需要，采取不同方式和模式建设电子档案管理信息系统。

　　机关、群团组织、国有企业事业单位的档案信息化建设要加强办公自动化系统、业务系统归档功能建设。这一规定是电子档案满足来源可靠、程序规范、要素合规要求的重要保障。随着信息技术的发展和应用，各单位产生的信息记录大量以电子形式出现。由于电子文件自身的特性，电子文件应当与描述其内容、结构、背景信息以及管理过程信息的元数据一并归档。元数据主要在电子文件形成、办理、收集、整理、归档等过程中由计算机系统自动收集，所以，实现电子文件规范归档，需要在形成电子文件的办公自动化系统、业务系统中建设归档功能，确保电子文件及其元数据收集齐全，以保证电子文件应归尽归。因此，办公自动化系统和业务系统除具备电子文件形成功能外，还应当具备电子文件归档功能，用于支持文件材料形成部门完成电子文件形成、收集、整理与提交归档等业务活动。电子文件归档功能应当与办公自动化系统、业务系统同步规划、建设和实施。

电子档案管理信息系统建设，要遵照国家通用规定，如国家档案局发布的《电子档案管理系统基本功能规定》等规范性文件，还要符合国家关于网络安全、数据安全以及保密等的规定。例如，《网络安全法》第二十一条规定，国家实行网络安全等级保护制度。网络运营者应当按照网络安全等级保护制度的要求，履行下列安全保护义务，保障网络免受干扰、破坏或者未经授权的访问，防止网络数据泄露或者被窃取、篡改：（1）制定内部安全管理制度和操作规程，确定网络安全负责人，落实网络安全保护责任；（2）采取防范计算机病毒和网络攻击、网络侵入等危害网络安全行为的技术措施；（3）采取监测、记录网络运行状态、网络安全事件的技术措施，并按照规定留存相关的网络日志不少于六个月；（4）采取数据分类、重要数据备份和加密等措施；（5）法律、行政法规规定的其他义务。《数据安全法》第二十九条规定，开展数据处理活动应当加强风险监测，发现数据安全缺陷、漏洞等风险时，应当立即采取补救措施；发生数据安全事件时，应当立即采取处置措施，按照规定及时告知用户并向有关主管部门报告。《保守国家秘密法》第二十九条规定，禁止非法复制、记录、存储国家秘密。禁止未按照国家保密规定和标准采取有效保密措施，在互联网及其他公共信息网络或者有线和无线通信中传递国家秘密。禁止在私人交往和通信中涉及国家秘密。

> 第三十九条　机关、团体、企业事业单位和其他组织应当采取管理措施和技术手段保证电子档案来源可靠、程序规范、要素合规，符合以下条件：
>
> （一）形成者、形成活动、形成时间可确认，形成、办理、整理、归档、保管、移交等系统安全可靠；

> （二）全过程管理符合有关规定，并准确记录、可追溯；
>
> （三）内容、结构、背景信息和管理过程信息等构成要素符合规范要求。

【释　义】

本条是关于电子档案应当符合的条件的规定，是对《档案法》第三十七条第一款的细化。

来源可靠、程序规范、要素合规是电子档案的法定要求。满足以上三个方面要求的电子档案，既可以作为法律诉讼案件中的可信证据，也可以作为工作参考、历史研究、检查审计等方面的可信证据。本条细化了三项法定条件的具体要求。

来源可靠指电子档案由经过授权和确认的法定形成者，在既定的业务活动中，在特定时间，使用安全可靠的系统形成。具体来说，来源可靠要求采取相应的措施保证形成者、形成活动、形成时间可确认，软硬件系统安全可靠。其中，形成者是指创建或接收电子文件的机构、部门或人员；形成活动是指创建或接收电子文件的职能和事务活动；形成时间是指电子文件创建或接收的时间。形成者、形成活动、形成时间可确认，要求能够说明电子档案来源并且可以得到验证。此外，来源可靠要求产生和处理电子文件的系统（包括形成、办理、整理、归档、保管、移交等功能）是安全可靠的。

程序规范是指电子文件形成、归档，电子档案保存和利用服务的过程遵循一定的制度规范要求，符合国家相关法律法规、标准规范的规定。程序是电子档案形成、归档、保存和利用服务等管理全过程的操作步骤。程序规范要求全过程的操作步骤都要符合国家相关法律法规、标准规范的规定。例如，国务院办公厅印发的《政务服务电子文件归档和电子档案管理办法》第八条规定，政务服务电子文件一般以办件为基本单位进行归档整理，政务服务电子文件元数据和以数据共享形式调用的电子证照等电子文件及其元数据应当与该办件办理材料一并归档。元数据是电子档案管理规范必不可少的关键内容。程序规范要求通过合规的技术手段对背景元数据和管理过程元数据进行详细、准确记录。元数据应当与电子文件一并归档，可用于审计、追溯。

要素合规是指电子档案的构成要素符合规范要求。

这里的构成要素是指内容、结构、背景信息和管理过程信息等。内容是字符、图形、图像、音频、视频等形式表示的电子档案的主题信息，用来表达形成者的意图。结构是电子档案内容信息组织和存储方式，包括逻辑结构和物理结构。逻辑结构通常以版面来呈现，包括版面格式、色彩等；物理结构指计算机文件格式、存储位置等。背景信息是表示电子档案形成环境、形成过程、文件间的相互关系的信息。管理过程信息是文件存在的整个管理过程中涉及文件的任何管理操作和事件，如操作时间、元数据更改等。值得注意的是，不同种类的电子档案具体构成要素应当符合相应的规范，而非符合某一规范。例如，《政务服务事项电子文件归档规范》（GB/T 42727—2023）规定了政务服务事项电子文件归档信息包的内容、结构、命名规则以及元数据、存储格式、数据交换等。《电子会计档案管理规范》（DA/T 94—2022）规定了电子会计资料的形成要求等。

第四十条　机关、团体、企业事业单位和其他组织应当按照国家档案主管部门有关规定，定期向有关档案馆移交电子档案。电子档案移交接收网络以及系统环境应当符合国家关于网络安全、数据安全以及保密等的规定。不具备在线移交条件的，应当通过符合安全管理要求的存储介质向档案馆移交电子档案。

档案馆应当在接收电子档案时进行真实性、完整性、可用性和安全性等方面的检测，并采取管理措施和技术手段保证电子档案在长期保存过程中的真实性、完整性、可用性和安全性。

国家档案馆可以为未到本条例第二十条第二款所规定的移交进馆期限的电子档案提供保管服务，涉及政府信息公开事项的，依照《档案法》第十五条第二款的规定办理。

【释 义】

本条是关于电子档案移交、接收以及保管的规定，是对《档案法》第三十九条第一款、第二款的细化。

定期向档案馆移交档案是机关、团体、企业事业单位和其他组织的法定职责。《档案法》第十五条第一款规定，机关、团体、企业事业单位和其他组织应当按照国家有关规定，定期向档案馆移交档案，档案馆不得拒绝接收。电子档案移交接收的工作流程和相关要求，可以参照《电子档案移交接收操作规程》（DA/T 93—2022）。通过在线方式移交，可以便捷高效地完成电子档案的移交、接收等工作，并在接收过程中进行真实性、完整性、可用性和安全性检测，有助于保障电子档案移交、接收、检测等操作程序规范，确保接收数据质量安全可靠，从而提升电子档案管理水平。在线移交应当保证网络以及系统环境符合《网络安全法》《数据安全法》《保守国家秘密法》等国家关于网络安全、数据安全以及保密等方面的规定。如果不具备在线移交条件，移交单位应当配备符合安全管理要求的光盘、硬磁盘等存储载体，存储载体的选择和检测可以参照《档案级可录类光盘CD-R、

DVD-R、DVD+R技术要求和应用规范》（DA/T 38—2021）、《电子档案存储用可录类蓝光光盘（BD-R）技术要求和应用规范》（DA/T 74—2019）、《档案数据硬磁盘离线存储管理规范》（DA/T 75—2019）等。涉密电子档案的离线移交应使用涉密离线载体单独移交，并严格遵守国家相关保密规定。

真实性、完整性、可用性和安全性（以下简称四性）是电子档案管理最基本的质量要求，是确保电子档案凭证价值、查考价值和保存价值的关键。利用技术手段对电子档案进行检测是保证电子档案四性的重要措施之一，具体检测工作可以参照《文书类电子档案检测一般要求》（DA/T 70—2018）。归档、移交与接收、长期保存是电子档案管理的关键环节，涉及管理主体变化或软硬件环境变化，都需要进行四性检测。在接收环节，档案馆应当对移交信息包进行检测，检测不合格时应将电子档案移交信息包退回档案移交单位，并将检测结果信息一并退回，由移交单位重新组织提交。在长期保存中，档案馆应当制定长期保存的检测方案，确定检测周期、检测范围、抽检比例等，定期开展四性检测。由于技术环境等发生变化而进行转换、迁移等操作后，应当及时进行四性检测。

《实施条例》第二十条明确了档案移交期限,适用于包括电子档案在内所有类型的档案。在实践中,存在电子档案形成单位提前将电子档案交档案馆的情况。为了明确国家档案馆、移交单位的法定职责,本条第三款规定,经国家档案馆同意,提前将电子档案交档案馆保管的,在国家规定的移交期限届满前,该档案所涉及政府信息公开事项仍由原制作或者保存政府信息的单位办理。

> **第四十一条** 档案馆对重要电子档案进行异地备份保管,应当采用磁介质、光介质、缩微胶片等符合安全管理要求的存储介质,定期检测载体的完好程度和数据的可读性。异地备份选址应当满足安全保密等要求。
>
> 档案馆可以根据需要建设灾难备份系统,实现重要电子档案及其管理系统的备份与灾难恢复。

【释　义】

本条是关于重要电子档案异地备份保管的规定，是对《档案法》第三十九条第三款的细化。

备份可以帮助恢复受损或者丢失的电子档案，为崩溃的电子档案管理信息系统提供有效的恢复手段，是保障档案数字资源安全的重要措施之一。本条第一款重点强调了异地备份、离线备份的安全管理要求。离线备份是将电子档案存储于可脱离计算机、存储系统保存的存储介质上的备份方式，一般推荐使用磁介质、光介质和缩微胶片，相对于在线备份，离线备份技术要求低、成本低。任何存储介质都有一定的载体寿命，因此，要做好载体完好程度和数据可读性的定期检测。例如，定期对硬磁盘进行检测。如果检测结果异常，应当立即进行数据迁移；如果发现档案数据丢失或不可用，可进行数据恢复，同时，及时记录硬磁盘检测情况。异地备份的选址应当满足安全保密等要求，如不能选在同一江河流域、同一地震带，水灾频发等不安全的地带，或者不符合保密要求的地带。

档案馆可以根据需要建设灾难备份系统。系统备份与灾难恢复是国家信息化发展战略要求,在金融、统计、税务、铁路等行业早有探索和应用。2003年,中共中央办公厅、国务院办公厅印发的《国家信息化领导小组关于加强信息安全保障工作的意见》要求,各基础信息网络和重要信息系统建设要充分考虑抗毁性与灾难恢复,制定和不断完善信息安全应急处置预案;灾难备份建设要从实际出发,提倡资源共享、互为备份。档案灾难备份系统是通过在线方式进行备份,既包括档案数据备份,也包括档案信息管理系统、网络系统、基础设施等备份,以保证在灾难发生后,档案信息管理系统能够恢复正常运行。在条件成熟时,可根据需要建设电子档案灾备系统,实现电子档案数据和电子档案管理信息系统的在线备份与灾难恢复。

第四十二条 档案馆和机关、团体、企业事业单位以及其他组织开展传统载体档案数字化工作,应当符合国家档案主管部门有关规定,保证档案数字化成果的质量和安全。

> 国家鼓励有条件的单位开展文字、语音、图像识别工作，加强档案资源深度挖掘和开发利用。

【释　义】

本条是关于传统载体档案数字化的规定，是对《档案法》第三十八条的细化。

为了促进和方便档案利用，更好地保护档案原件，各单位普遍开展了传统载体档案数字化工作。近年来，国家档案局发布了《机关档案管理规定》《企业档案管理规定》《档案数字化外包安全管理规范》，以及行业标准《纸质档案数字化规范》（DA/T 31—2017）、《录音录像档案数字化规范》（DA/T 62—2017）等，明确档案数字化组织、管理、基础设施、流程等方面的要求，严格质检和安全检查工作。各单位开展传统载体档案数字化工作，应当符合上述规定，保证档案数字化成果的质量和安全。

实现对档案信息的深度挖掘和利用，是档案工作发展的必然方向。新一代信息技术为开展文字、语音、图像识别工作提供了新方法、新思路。国内外都在开展应用人工智能技术识别档案项目,如荷兰国家档案馆利用人工智能技术来训练软件自动转录手写文字,将馆藏手稿内容转化为计算机可理解的文本,并向广大公众提供检索服务。国内也有单位利用图像识别和信息抽取技术,有效提高了档案智能精确检索率。同时,开展文字、语音、图像识别工作也为人工智能等新技术的应用奠定数据基础,各单位可根据实际条件探索、推进此项工作。

> **第四十三条** 档案馆应当积极创造条件,按照国家有关规定建设、运行维护数字档案馆,为不同网络环境中的档案数字资源的收集、长期安全保存和有效利用提供保障。
>
> 国家鼓励有条件的机关、团体、企业事业单位和其他组织开展数字档案室建设,提升本单位的档案信息化水平。

【释 义】

本条是关于数字档案馆、数字档案室建设的规定,是对《档案法》第四十条的细化。

数字档案馆是运用现代信息技术对档案数字资源进行收集、存储、管理，并通过各种网络平台提供共享利用的档案信息集成管理体系。数字档案馆建设工作包含信息化软硬件基础设施建设、档案数字资源建设、制度规范建设、安全体系的建设以及人才培养等各方面，是一项系统工程，是驱动档案工作转型升级的关键。为指导数字档案馆建设，2010年国家档案局发布了《数字档案馆建设指南》。截至2023年年底，已建成91家全国示范数字档案馆，152家国家级数字档案馆。目前，国家档案局统筹推进全国数字档案馆建设，制定制度规范，负责副省级市以上数字档案馆认定工作；省级档案主管部门负责推进本行政区域内市县级数字档案馆建设。

《"十四五"全国档案事业发展规划》要求"十四五"期间加大机关数字档案室建设力度，新增30家高水平的数字档案室。深入开展企业数字档案馆（室）建设，完成50家企业集团数字档案馆（室）建设试点。本条第二款鼓励有条件的机关、团体、企业事业单位和其他组织开展数字档案室建设。建设符合国家和社会信息化发展要求的数字档案室，有利于提高机关、单位档案工作水平，维护机关、单位档案信息的真实、完整、可用和安全，提升业务效率和对内对外服务能力；有利于促进国家核心信息资源建设，实现信息资源总量增加、质量提高和结构优化，为数字档案馆的最终实现奠定基础，以推动全国档案信息化工作全面、健康、均衡发展。

> **第四十四条** 国家档案主管部门应当制定数据共享标准，提升档案信息共享服务水平，促进全国档案数字资源跨区域、跨层级、跨部门共享利用工作。
>
> 县级以上地方档案主管部门应当推进本行政区域档案数字资源共享利用工作。

【释 义】

本条是关于档案数字资源共享利用的规定，是对《档案法》第四十一条的细化。

随着新技术的深入应用，档案数字资源只有共享利用才能有效发挥档案信息的价值，更好服务党和国家工作大局、服务人民群众，全面赋能经济社会发展。近年来，各地开展"异地查档、跨馆服务"探索，已有多个省市档案馆在本行政区域建设区域性档案信息资源共享服务平台，实现了本省（市）范围内档案馆之间的档案数字资源共享。此外，京津冀、长三角签订民生档案跨馆异地利用服务工作协议，持续拓展民生档案异地查询、跨馆利用范围，进一步推动跨区域民生档案共享共用。还有不少档案馆开通了移动端查询利用服务，主动融入区域内"一网通办"服务体系，实现了借势网络提升效率，依靠平台优化服务，助推档案查阅利用服务迈上新台阶。但是，数据标准、共享标准不统一，影响了档案数字资源全国范围内跨区域、跨层级、跨部门共享利用工作。因此，本条第一款明确国家档案主管部门应当制定档案数据共享标准。本条第二款规定，县级以上地方档案主管部门应当推进本行政区域档案数字资源共享利用工作，进一步明确了主体责任，实现让数据"多跑路"，让群众"少跑腿"。

第六章　监督检查

《档案法》在 2020 年修订时增设"监督检查"专章,对监督检查的内容事项、手段方法和违法行为线索处置等作出了具体规定,有力推动了档案法律制度转化为档案治理效能。《实施条例》基于档案事业发展需要,依据《档案法》确定的原则和方向,增设第六章监督检查,完善档案监督检查措施。

本章共 3 条(第四十五条至第四十七条),规定建立档案工作情况定期报告制度,细化涉嫌档案违法调查处理相关规定,明确档案行政执法队伍建设要求,全面推进严格规范公正文明执法。

> **第四十五条** 国家档案馆和机关、群团组织、国有企业事业单位应当定期向同级档案主管部门报送本单位档案工作情况。

【释 义】

本条是关于建立档案工作情况定期报告制度的规定。

报告制度要求监管对象以特定方式向监管主体提交综合或者专项工作情况报告，这个制度较为普遍地应用于组织机构内部管理和行政机关监管工作中，是一种行之有效的辅助监管、防范化解风险方式。在档案工作中，报告制度在中央、地方层面都有一定的实践基础。例如，《机关档案管理规定》第五十一条第一款规定，机关应当编制档案工作情况统计年报，汇总分析当年档案工作情况形成年度报告，报送同级档案行政管理部门、上级档案部门。《企业档案管理规定》第六条第四款规定，国有企业应当按照业务监督和指导关系向档案主管部门或母公司（投资主体）报送企业年度档案工作情况。

本条具体明确了报告制度的义务主体、具体要求，界定了行政主体、行政相对人的权责义务，推动依法、公平、公正发挥报告制度作用，是对行政主体主动监管行为的有效补充。具体来说，档案工作情况定期报告制度的义务主体是国家档案馆和机关、群团组织、国有企业事业单位，而非所有的档案形成单位。国家档案馆和机关、群团组织、国有企业事业单位是国家所有档案资源的主要保管单位，也是各级档案主管部门的主要监督指导对象。报告制度限于此类义务主体符合优化营商环境要求。报告时间要求为定期，并未设置一个具体的时间段。各级档案主管部门可以结合本地实际情况灵活设置，但不宜过度增加行政相对人负担。按照当前的档案监管体系，报告制度的接收主体为同级档案主管部门。在报告内容和效力方面，档案工作情况报告制度不是强制报告、公开年度报告，不设置单独的法律责任，主要应用于监督管理。

档案工作情况定期报告制度是一项新制度，对此，各级档案主管部门要加强指导监督，及时纠正不按时提交、报告内容不准确或者内容雷同、敷衍塞责等问题，切实提升报送主体工作主动性、自觉性，不断提升工作实效。

> 第四十六条 档案主管部门对处理投诉、举报和监督检查中发现的或者有关部门移送的涉嫌档案违法的线索和案件，应当及时依法组织调查。
>
> 经调查，发现有档案违法行为的，档案主管部门应当依法予以处理。需要追究有关责任人责任的，档案主管部门可以依法向其所在单位或者任免机关、单位提出处理建议。有关机关、单位应当及时将处理结果书面告知提出处理建议的档案主管部门。

【释 义】

本条是关于涉嫌档案违法处理的规定。

本条明确了档案主管部门对涉嫌档案违法的线索和案件，依法组织调查并予以处理的工作要求。

档案主管部门通过收集信息、调查事实等查明涉嫌档案违法的线索和案件,是作出行政处理和处理建议的预备和辅助行为。《行政许可法》《行政处罚法》《行政诉讼法》等法律明确了行政许可的监督检查程序、行政处罚的调查程序、非法证据排除规则等,为档案主管部门开展专项调查工作提供了明确依据。调查中,档案主管部门要以事实为根据,以法律为准绳,恪守程序公正。例如,应当通过陈述、申辩、听证等程序听取当事人意见,保障当事人的合法权益;应当合法取证,对书证、物证、视听资料、电子数据、证人证言、当事人的陈述、鉴定意见、勘验笔录和现场笔录等不同类型证据的证明效力加以判断,对证明同一事实的数个调查证据进行相互比对和印证,客观、公正地分析判断。

经调查,发现有档案违法行为的,档案主管部门应当依法予以处理。其中,对有关责任人的处分权由其所在单位或者任免机关、单位行使。因此,需要追究有关责任人责任的,档案主管部门可以依法向其所在单位或者任免机关、单位提出处理建议。为避免有关机关、单位处分不当,本条规定应当将处理结果书面告知提出处理建议的档案主管部门。需要注意的是,根据有关规定,执法机关向纪检监察机关移送问题线索时,不对问题线索所涉人员提出具体处理意见，执法机关向纪检监察机关移送的问题线索，纪检监察机关原则上不反馈处置结果。

> 第四十七条　县级以上档案主管部门应当加强档案行政执法队伍建设和对档案行政执法人员的教育培训。从事档案行政执法工作的人员，应当通过考试，取得行政执法证件。

【释　义】

本条是关于档案行政执法队伍建设的规定。

执法人员具备一定的专业素质和执法资格是严格规范公正文明执法的前提和基础。2023年，国务院办公厅印发《提升行政执法质量三年行动计划（2023—2025年）》，要求全面提升行政执法人员能力素质，并提出严格落实行政执法人员资格管理和持证上岗制度、建立健全行政执法标准化制度化培训机制等具体要求。为了进一步提升档案行政执法能力，确保档案法律法规得到有效实施，本条具体明确了档案行政执法队伍建设要求。

档案主管部门应当加强档案行政执法队伍建设，合理配备行政执法力量，并注重行政执法机构队伍梯队建设，定期对行政执法人员进行法律法规、档案管理知识、执法程序和技巧等方面的教育培训，提升执法人员的专业素质和执法水平。档案主管部门工作人员要主动学习，自觉参加当地司法行政机关组织的执法资格考试，取得行政执法证件，增强行政执法的权威性和公信力。

第七章 法律责任

本章规定了公民、法人或者其他组织违反本法应承担的法律后果,即因违法行为而在法律上受到的相应制裁。法律责任由国家强制力来保障实施,对于保障《实施条例》规范的各项制度顺利实施、维护《实施条例》权威性、教育违法者和广大公民自觉守法具有重要意义。

本章共4条(第四十八条至第五十一条)。根据规范对象、行为性质和责任种类的不同,分别对国家档案馆有关违法行为,单位或者个人涉及归档、移交的违法行为,单位或者个人侵占、挪用档案馆馆舍可能涉及刑事、民事责任的违法行为,以及档案服务企业法律责任作出规定。

> **第四十八条** 国家档案馆违反国家规定擅自扩大或者缩小档案接收范围的,或者不按照国家规定开放、提供利用档案的,由县级以上档案主管部门责令限期改正;情节严重的,由有关机关对负有责任的领导人员和直接责任人员依法给予处分。

【释　义】

本条是关于对违反国家规定擅自扩大或者缩小档案接收范围的,或者不按照国家规定开放、提供利用档案的违法行为依法给予处分的规定。

一、违法行为

1. 违反国家规定擅自扩大或者缩小档案接收范围。《实施条例》第十六条第一款第一项规定,国家档案馆收集本馆分管范围内的档案。此外,根据国家档案局有关规定,实行局馆分设的地方,各级国家综合档案馆收集档案范围细则和工作方案,经同级档案主管部门审核同意并报上级档案主管部门备案后施行；实行局馆合一的地方，各级国家综合档案馆收集档案范围细则和工作方案报上级档案主管部门审核同意后施行。具体来说，国家档案馆违反国家规定擅自扩大或者缩小档案接收范围，是指国家档案馆违反法律、法规、规章等的档案接收范围，或者违反国家档案馆经档案主管部门审核、备案或者审核同意后施行的本馆的收集档案范围，将接收范围扩大或者缩小的行为。

2. 不按照国家规定开放、提供利用档案。《实施条例》第十六条第一款第三项规定，国家档案馆依法向社会开放档案，并采取各种形式研究、开发档案资源，为各方面利用档案资源提供服务。《实施条例》第二十九条规定了国家档案馆向社会开放档案的职责，第三十条规定了开放审核职责，第三十一条规定了延期开放的程序要求。例如，档案到期不及时进行开放审核或者应当开放的档案无正当理由不向社会开放，单位和个人符合档案利用要求申请利用档案而国家档案馆拒绝提供利用的，是此类违法行为。

二、法律责任

构成本条规定的违法行为，由县级以上档案主管部门责令限期改正；情节严重的，由有关机关对负有责任的领导人员和直接责任人员依法给予处分。"依法"包括依照法律、法规、规章等。例如，《档案管理违法违纪行为处分规定》第十五条、第十六条规定，违反国家规定扩大或者缩小档案接收范围的，对有关责任人员，给予警告或者记过处分；情节较重的，给予记大过或者降级处分；情节严重的，给予撤职处分。拒不按照国家规定开放档案的，对有关责任人员，给予警告、记过或者记大过处分。

> **第四十九条** 单位或者个人将应当归档的材料据为己有，拒绝交档案机构、档案工作人员归档的，或者不按照国家规定向国家档案馆移交档案的，由县级以上档案主管部门责令限期改正；拒不改正的，由有关机关对负有责任的领导人员和直接责任人员依法给予处分。

【释　义】

本条是关于对将应当归档的材料据为己有，拒绝交档案机构、档案工作人员归档的，或者不按照国家规定向国家档案馆移交档案的违法行为依法给予处分的规定。

一、违法行为

1. 将应当归档的材料据为己有，拒绝交档案机构、档案工作人员归档。《实施条例》第十九条第一款规定，依照《档案法》第十三条以及国家有关规定应当归档的材料，由机关、团体、企业事业单位和其他组织的各内设机构收集齐全，规范整理，定期交本单位档案机构或者档案工作人员集中管理，任何内设机构和个人不得拒绝归档或者据为己有。机关、团体、企业事业单位和其他组织以及个人从事经济、政治、文化、社会、生态文明、军事、外事、科技等方面活动形成的材料，是各单位工作的原始记录，是记录国家、民族、社会事业发展过程的重要资料、史料，是国家档案资源的重要和主要的来源。对这些材料进行整理、归档，是国家档案工作的基础性的内容。如果允许应当归档的材料保存在个人手中，那么会影响档案的真实性完整性，所以，违反规定拒不归档是一种违法行为。

2. 不按照国家规定向国家档案馆移交档案。《实施条例》第二十条第一款规定，机关、团体、企业事业单位和其他组织，应当按照国家档案主管部门关于档案移交的规定，定期向有关的国家档案馆移交档案。如果这些单位经过归档形成的应移交的档案不按规定向国家档案馆移交，那么就会使国家档案馆收集档案成为无源之水，不利于国家统一保存能够反映历史全貌的、比较完善的档案史料。

二、法律责任

构成本条规定的违法行为，由县级以上档案主管部门责令限期改正；拒不改正的，由有关机关对负有责任的领导人员和直接责任人员依法给予处分。例如，《档案管理违法违纪行为处分规定》第三条规定，将公务活动中形成的应当归档的文件材料、资料据为己有，拒绝交档案机构、档案工作人员归档的，对有关责任人员，给予警告处分；情节较重的，给予记过或者记大过处分；情节严重的，给予降级或者撤职处分。第四条规定，拒不按照国家规定向指定的国家档案馆移交档案的，对有关责任人员，给予警告或者记过处分；情节较重的，给予记大过或者降级处分；情节严重的，给予撤职处分。

> **第五十条** 单位或者个人侵占、挪用国家档案馆的馆舍的，由县级以上档案主管部门责令限期改正；情节严重的，由有关机关对负有责任的领导人员和直接责任人员依法给予处分；构成犯罪的，依法追究刑事责任；造成财产损失或者其他损害的，依法承担民事责任。

【释　义】

本条是关于侵占、挪用国家档案馆馆舍的法律责任的规定。

一、违法行为

《实施条例》第二十三条第二款规定，任何单位和个人不得侵占、挪用国家档案馆的馆舍，不得擅自改变国家档案馆馆舍的功能和用途。国家档案馆中的档案库房、对外服务用房、档案业务和技术用房、办公用房和附属用房有不同的建筑设计标准、建筑面积和比例要求。符合这些条件是国家档案馆履行档案保管、开放利用等职责的基础，也是保障国家档案资源安全的前提。

二、法律责任

根据违法行为的性质和危害的程度不同，行为人将承担相应法律责任。情节轻微的，由县级以上档案主管部门责令限期改正，行为人应立即停止侵占、挪用，将馆舍恢复原状；情节严重的，由有关机关对负有责任的领导人员和直接责任人员依法给予处分。此外，构成犯罪的，依法追究刑事责任；造成财产损失或者其他损害的，依法承担民事责任。

违反本法规定，可能构成的刑事犯罪有：国家工作人员利用职务上的便利，侵吞、窃取、骗取或者以其他手段非法占有公共财物的，构成贪污罪；以单位名义将国有资产集体私分给个人的，构成私分国有资产罪；国家机关工作人员滥用职权或者玩忽职守，因侵占、挪用档案馆馆舍致使公共财产、国家和人民利益遭受重大损失的，还将涉嫌滥用职权罪、玩忽职守罪等。《民法典》第一百八十七条规定，民事主体因同一行为应当承担民事责任、行政责任和刑事责任的，承担行政责任或者刑事责任不影响承担民事责任；民事主体的财产不足以支付的，优先用于承担民事责任。通过追究民事责任恢复守约方、受害人的利益,通过惩罚预防利益再次受损。

> **第五十一条** 档案服务企业在提供服务过程中明知存在档案安全隐患而不采取措施的,档案主管部门可以采取约谈、责令限期改正等措施。
>
> 档案服务企业因违反《档案法》和本条例规定受到行政处罚的,行政处罚信息依照有关法律、行政法规的规定予以公示。

【释　义】

本条是关于档案服务企业违法行为惩戒措施的规定。

《档案法》第四十五条规定,档案主管部门发现档案馆和机关、团体、企业事业单位以及其他组织存在档案安全隐患的,应当责令限期整改,消除档案安全隐患。当下,档案外包服务需求快速增长,各类服务机构发展迅速但良莠不齐。《实施条例》从防范化解风险,规范国有、民营各类档案外包服务企业出发,明确档案主管部门发现档案服务企业存在违法苗头时,应提前介入,通过约谈、责令限期改正等方式，消除安全隐患。

依照有关法律、行政法规的规定公示行政处罚信息，既可促进主管部门公开公正依法行政，又方便社会公众对档案服务企业进行监督。《行政处罚法》第四十八条第一款规定，具有一定社会影响的行政处罚决定应当依法公开。根据《档案法》第四十九条的规定，档案服务企业在服务过程中，有丢失属于国家所有的档案，擅自提供、抄录、复制、公布属于国家所有的档案，或者篡改、损毁、伪造、擅自销毁档案行为之一的，由县级以上档案主管部门给予警告，并处2万元以上20万元以下的罚款。档案服务企业因违反《档案法》和本条例规定受到行政处罚的，行政处罚信息应当依照《行政处罚法》等有关法律、行政法规的规定公示。

第八章 附 则

> 第五十二条 本条例自2024年3月1日起施行。《中华人民共和国档案法实施办法》同时废止。

【释 义】

本条是关于《实施条例》施行日期的规定。

行政法规的施行时间，是行政法规的生效时间。《行政法规制定程序条例》第二十九条规定，行政法规应当自公布之日起30日后施行；但是，涉及国家安全、外汇汇率、货币政策的确定以及公布后不立即施行将有碍行政法规施行的，可以自公布之日起施行。

《实施条例》于2023年12月29日经国务院第22次常务会议审议通过，并于2024年1月12日由国务院总理李强签署第772号国务院令公布，自2024年3月1日起施行。同时，为做好衔接工作，《实施条例》规定，《实施办法》自《实施条例》施行之日起废止。

第二部分 附 录

附录一

中华人民共和国档案法

（1987年9月5日第六届全国人民代表大会常务委员会第二十二次会议通过 根据1996年7月5日第八届全国人民代表大会常务委员会第二十次会议《关于修改〈中华人民共和国档案法〉的决定》第一次修正 根据2016年11月7日第十二届全国人民代表大会常务委员会第二十四次会议《关于修改〈中华人民共和国对外贸易法〉等十二部法律的决定》第二次修正 2020年6月20日第十三届全国人民代表大会常务委员会第十九次会议修订 2020年6月20日中华人民共和国主席令第47号公布 自2021年1月1日起施行）

目 录

第一章 总 则
第二章 档案机构及其职责

第三章　档案的管理

第四章　档案的利用和公布

第五章　档案信息化建设

第六章　监督检查

第七章　法律责任

第八章　附　　则

第一章　总　　则

第一条 为了加强档案管理，规范档案收集、整理工作，有效保护和利用档案，提高档案信息化建设水平，推进国家治理体系和治理能力现代化，为中国特色社会主义事业服务，制定本法。

第二条 从事档案收集、整理、保护、利用及其监督管理活动，适用本法。

本法所称档案，是指过去和现在的机关、团体、企业事业单位和其他组织以及个人从事经济、政治、文化、社会、生态文明、军事、外事、科技等方面活动直接形成的对国家和社会具有保存价值的各种文字、图表、声像等不同形式的历史记录。

第三条 坚持中国共产党对档案工作的领导。各级人民政府应当加强档案工作,把档案事业纳入国民经济和社会发展规划,将档案事业发展经费列入政府预算,确保档案事业发展与国民经济和社会发展水平相适应。

第四条 档案工作实行统一领导、分级管理的原则,维护档案完整与安全,便于社会各方面的利用。

第五条 一切国家机关、武装力量、政党、团体、企业事业单位和公民都有保护档案的义务,享有依法利用档案的权利。

第六条 国家鼓励和支持档案科学研究和技术创新,促进科技成果在档案收集、整理、保护、利用等方面的转化和应用,推动档案科技进步。

国家采取措施,加强档案宣传教育,增强全社会档案意识。

国家鼓励和支持在档案领域开展国际交流与合作。

第七条 国家鼓励社会力量参与和支持档案事业的发展。

对在档案收集、整理、保护、利用等方面做出突出贡献的单位和个人,按照国家有关规定给予表彰、奖励。

第二章 档案机构及其职责

第八条 国家档案主管部门主管全国的档案工作,

负责全国档案事业的统筹规划和组织协调，建立统一制度，实行监督和指导。

县级以上地方档案主管部门主管本行政区域内的档案工作，对本行政区域内机关、团体、企业事业单位和其他组织的档案工作实行监督和指导。

乡镇人民政府应当指定人员负责管理本机关的档案，并对所属单位、基层群众性自治组织等的档案工作实行监督和指导。

第九条 机关、团体、企业事业单位和其他组织应当确定档案机构或者档案工作人员负责管理本单位的档案，并对所属单位的档案工作实行监督和指导。

中央国家机关根据档案管理需要，在职责范围内指导本系统的档案业务工作。

第十条 中央和县级以上地方各级各类档案馆，是集中管理档案的文化事业机构，负责收集、整理、保管和提供利用各自分管范围内的档案。

第十一条 国家加强档案工作人才培养和队伍建设，提高档案工作人员业务素质。

档案工作人员应当忠于职守，遵纪守法，具备相应的专业知识与技能，其中档案专业人员可以按照国家有关规定评定专业技术职称。

第三章　档案的管理

第十二条　按照国家规定应当形成档案的机关、团体、企业事业单位和其他组织，应当建立档案工作责任制，依法健全档案管理制度。

第十三条　直接形成的对国家和社会具有保存价值的下列材料，应当纳入归档范围：

（一）反映机关、团体组织沿革和主要职能活动的；

（二）反映国有企业事业单位主要研发、建设、生产、经营和服务活动，以及维护国有企业事业单位权益和职工权益的；

（三）反映基层群众性自治组织城乡社区治理、服务活动的；

（四）反映历史上各时期国家治理活动、经济科技发展、社会历史面貌、文化习俗、生态环境的；

（五）法律、行政法规规定应当归档的。

非国有企业、社会服务机构等单位依照前款第二项所列范围保存本单位相关材料。

第十四条　应当归档的材料，按照国家有关规定定期向本单位档案机构或者档案工作人员移交,集中管理,任何个人不得拒绝归档或者据为己有。

国家规定不得归档的材料,禁止擅自归档。

第十五条　机关、团体、企业事业单位和其他组织应当按照国家有关规定,定期向档案馆移交档案,档案馆不得拒绝接收。

经档案馆同意,提前将档案交档案馆保管的,在国家规定的移交期限届满前,该档案所涉及政府信息公开事项仍由原制作或者保存政府信息的单位办理。移交期限届满的,涉及政府信息公开事项的档案按照档案利用规定办理。

第十六条　机关、团体、企业事业单位和其他组织发生机构变动或者撤销、合并等情形时,应当按照规定向有关单位或者档案馆移交档案。

第十七条　档案馆除按照国家有关规定接收移交的档案外,还可以通过接受捐献、购买、代存等方式收集档案。

第十八条　博物馆、图书馆、纪念馆等单位保存的文物、文献信息同时是档案的,依照有关法律、行政法规的规定,可以由上述单位自行管理。

档案馆与前款所列单位应当在档案的利用方面互相协作，可以相互交换重复件、复制件或者目录，联合举办展览，共同研究、编辑出版有关史料。

第十九条 档案馆以及机关、团体、企业事业单位和其他组织的档案机构应当建立科学的管理制度，便于对档案的利用；按照国家有关规定配置适宜档案保存的库房和必要的设施、设备，确保档案的安全；采用先进技术，实现档案管理的现代化。

档案馆和机关、团体、企业事业单位以及其他组织应当建立健全档案安全工作机制，加强档案安全风险管理，提高档案安全应急处置能力。

第二十条 涉及国家秘密的档案的管理和利用，密级的变更和解密，应当依照有关保守国家秘密的法律、行政法规规定办理。

第二十一条 鉴定档案保存价值的原则、保管期限的标准以及销毁档案的程序和办法，由国家档案主管部门制定。

禁止篡改、损毁、伪造档案。禁止擅自销毁档案。

第二十二条 非国有企业、社会服务机构等单位和个人形成的档案，对国家和社会具有重要保存价值或者应当保密的,档案所有者应当妥善保管。对保管条件不符合要求或者存在其他原因可能导致档案严重损毁和不安全的,省级以上档案主管部门可以给予帮助,或者经协商采取指定档案馆代为保管等确保档案完整和安全的措施;必要时,可以依法收购或者征购。

前款所列档案,档案所有者可以向国家档案馆寄存或者转让。严禁出卖、赠送给外国人或者外国组织。

向国家捐献重要、珍贵档案的,国家档案馆应当按照国家有关规定给予奖励。

第二十三条 禁止买卖属于国家所有的档案。

国有企业事业单位资产转让时,转让有关档案的具体办法,由国家档案主管部门制定。

档案复制件的交换、转让,按照国家有关规定办理。

第二十四条 档案馆和机关、团体、企业事业单位以及其他组织委托档案整理、寄存、开发利用和数字化等服务的,应当与符合条件的档案服务企业签订委托协议,约定服务的范围、质量和技术标准等内容,并对受托方进行监督。

受托方应当建立档案服务管理制度,遵守有关安全保密规定,确保档案的安全。

第二十五条 属于国家所有的档案和本法第二十二条规定的档案及其复制件,禁止擅自运送、邮寄、携带出境或者通过互联网传输出境。确需出境的,按照国家有关规定办理审批手续。

第二十六条 国家档案主管部门应当建立健全突发事件应对活动相关档案收集、整理、保护、利用工作机制。

档案馆应当加强对突发事件应对活动相关档案的研究整理和开发利用,为突发事件应对活动提供文献参考和决策支持。

第四章 档案的利用和公布

第二十七条 县级以上各级档案馆的档案,应当自形成之日起满二十五年向社会开放。经济、教育、科技、文化等类档案,可以少于二十五年向社会开放;涉及国家安全或者重大利益以及其他到期不宜开放的档案,可以多于二十五年向社会开放。国家鼓励和支持其他档案馆向社会开放档案。档案开放的具体办法由国家档案主管部门制定,报国务院批准。

第二十八条 档案馆应当通过其网站或者其他方式

定期公布开放档案的目录，不断完善利用规则，创新服务形式，强化服务功能，提高服务水平，积极为档案的利用创造条件，简化手续，提供便利。

单位和个人持有合法证明，可以利用已经开放的档案。档案馆不按规定开放利用的，单位和个人可以向档案主管部门投诉，接到投诉的档案主管部门应当及时调查处理并将处理结果告知投诉人。

利用档案涉及知识产权、个人信息的，应当遵守有关法律、行政法规的规定。

第二十九条 机关、团体、企业事业单位和其他组织以及公民根据经济建设、国防建设、教学科研和其他工作的需要，可以按照国家有关规定，利用档案馆未开放的档案以及有关机关、团体、企业事业单位和其他组织保存的档案。

第三十条 馆藏档案的开放审核，由档案馆会同档案形成单位或者移交单位共同负责。尚未移交进馆档案的开放审核，由档案形成单位或者保管单位负责，并在移交时附具意见。

第三十一条 向档案馆移交、捐献、寄存档案的单位和个人，可以优先利用该档案，并可以对档案中不宜向社会开放的部分提出限制利用的意见,档案馆应当予以支持,提供便利。

第三十二条 属于国家所有的档案,由国家授权的档案馆或者有关机关公布;未经档案馆或者有关机关同意,任何单位和个人无权公布。非国有企业、社会服务机构等单位和个人形成的档案,档案所有者有权公布。

公布档案应当遵守有关法律、行政法规的规定,不得损害国家安全和利益,不得侵犯他人的合法权益。

第三十三条 档案馆应当根据自身条件,为国家机关制定法律、法规、政策和开展有关问题研究,提供支持和便利。

档案馆应当配备研究人员,加强对档案的研究整理,有计划地组织编辑出版档案材料,在不同范围内发行。

档案研究人员研究整理档案,应当遵守档案管理的规定。

第三十四条 国家鼓励档案馆开发利用馆藏档案,通过开展专题展览、公益讲座、媒体宣传等活动,进行爱国主义、集体主义、中国特色社会主义教育,传承发展中华优秀传统文化,继承革命文化,发展社会主义先进文化,增强文化自信,弘扬社会主义核心价值观。

第五章 档案信息化建设

第三十五条 各级人民政府应当将档案信息化纳入信息化发展规划，保障电子档案、传统载体档案数字化成果等档案数字资源的安全保存和有效利用。

档案馆和机关、团体、企业事业单位以及其他组织应当加强档案信息化建设，并采取措施保障档案信息安全。

第三十六条 机关、团体、企业事业单位和其他组织应当积极推进电子档案管理信息系统建设，与办公自动化系统、业务系统等相互衔接。

第三十七条 电子档案应当来源可靠、程序规范、要素合规。

电子档案与传统载体档案具有同等效力，可以以电子形式作为凭证使用。

电子档案管理办法由国家档案主管部门会同有关部门制定。

第三十八条 国家鼓励和支持档案馆和机关、团体、企业事业单位以及其他组织推进传统载体档案数字化。已经实现数字化的，应当对档案原件妥善保管。

第三十九条 电子档案应当通过符合安全管理要求

的网络或者存储介质向档案馆移交。

档案馆应当对接收的电子档案进行检测,确保电子档案的真实性、完整性、可用性和安全性。

档案馆可以对重要电子档案进行异地备份保管。

第四十条 档案馆负责档案数字资源的收集、保存和提供利用。有条件的档案馆应当建设数字档案馆。

第四十一条 国家推进档案信息资源共享服务平台建设,推动档案数字资源跨区域、跨部门共享利用。

第六章 监督检查

第四十二条 档案主管部门依照法律、行政法规有关档案管理的规定,可以对档案馆和机关、团体、企业事业单位以及其他组织的下列情况进行检查:

(一)档案工作责任制和管理制度落实情况;

(二)档案库房、设施、设备配置使用情况;

(三)档案工作人员管理情况;

(四)档案收集、整理、保管、提供利用等情况;

(五)档案信息化建设和信息安全保障情况;

(六)对所属单位等的档案工作监督和指导情况。

第四十三条 档案主管部门根据违法线索进行检查

时，在符合安全保密要求的前提下，可以检查有关库房、设施、设备，查阅有关材料，询问有关人员，记录有关情况，有关单位和个人应当配合。

第四十四条 档案馆和机关、团体、企业事业单位以及其他组织发现本单位存在档案安全隐患的，应当及时采取补救措施，消除档案安全隐患。发生档案损毁、信息泄露等情形的，应当及时向档案主管部门报告。

第四十五条 档案主管部门发现档案馆和机关、团体、企业事业单位以及其他组织存在档案安全隐患的，应当责令限期整改，消除档案安全隐患。

第四十六条 任何单位和个人对档案违法行为，有权向档案主管部门和有关机关举报。

接到举报的档案主管部门或者有关机关应当及时依法处理。

第四十七条 档案主管部门及其工作人员应当按照法定的职权和程序开展监督检查工作，做到科学、公正、严格、高效，不得利用职权牟取利益，不得泄露履职过程中知悉的国家秘密、商业秘密或者个人隐私。

第七章 法律责任

第四十八条 单位或者个人有下列行为之一，由县级以上档案主管部门、有关机关对直接负责的主管人员和其他直接责任人员依法给予处分：

（一）丢失属于国家所有的档案的；

（二）擅自提供、抄录、复制、公布属于国家所有的档案的；

（三）买卖或者非法转让属于国家所有的档案的；

（四）篡改、损毁、伪造档案或者擅自销毁档案的；

（五）将档案出卖、赠送给外国人或者外国组织的；

（六）不按规定归档或者不按期移交档案，被责令改正而拒不改正的；

（七）不按规定向社会开放、提供利用档案的；

（八）明知存在档案安全隐患而不采取补救措施，造成档案损毁、灭失，或者存在档案安全隐患被责令限期整改而逾期未整改的；

（九）发生档案安全事故后，不采取抢救措施或者隐瞒不报、拒绝调查的；

（十）档案工作人员玩忽职守，造成档案损毁、灭失的。

第四十九条　利用档案馆的档案，有本法第四十八条第一项、第二项、第四项违法行为之一的，由县级以上档案主管部门给予警告,并对单位处一万元以上十万元以下的罚款,对个人处五百元以上五千元以下的罚款。

档案服务企业在服务过程中有本法第四十八条第一项、第二项、第四项违法行为之一的,由县级以上档案主管部门给予警告,并处二万元以上二十万元以下的罚款。

单位或者个人有本法第四十八条第三项、第五项违法行为之一的,由县级以上档案主管部门给予警告,没收违法所得,并对单位处一万元以上十万元以下的罚款,对个人处五百元以上五千元以下的罚款;并可以依照本法第二十二条的规定征购所出卖或者赠送的档案。

第五十条 违反本法规定,擅自运送、邮寄、携带或者通过互联网传输禁止出境的档案或者其复制件出境的,由海关或者有关部门予以没收、阻断传输,并对单位处一万元以上十万元以下的罚款,对个人处五百元以上五千元以下的罚款;并将没收、阻断传输的档案或者其复制件移交档案主管部门。

第五十一条 违反本法规定,构成犯罪的,依法追究刑事责任;造成财产损失或者其他损害的,依法承担民事责任。

第八章 附 则

第五十二条 中国人民解放军和中国人民武装警察部队的档案工作,由中央军事委员会依照本法制定管理办法。

第五十三条 本法自 2021 年 1 月 1 日起施行。

中华人民共和国档案法实施条例

（2023年12月29日国务院第22次常务会议通过 2024年1月12日中华人民共和国国务院令第772号公布 自2024年3月1日起施行）

第一章 总 则

第一条 根据《中华人民共和国档案法》（以下简称《档案法》）的规定，制定本条例。

第二条 《档案法》所称档案，其具体范围由国家档案主管部门或者国家档案主管部门会同国家有关部门确定。

反映地方文化习俗、民族风貌、历史人物、特色品牌等的档案，其具体范围可以由省、自治区、直辖市档案主管部门会同同级有关部门确定。

第三条 档案工作应当坚持和加强党的领导，全面贯彻党的路线方针政策和决策部署，健全党领导档案工作的体制机制，把党的领导贯彻到档案工作各方面和各环节。

第四条 县级以上人民政府应当加强档案工作，建立健全档案机构，提供档案长久安全保管场所和设施，并将档案事业发展经费列入本级预算。

机关、团体、企业事业单位和其他组织应当加强本单位档案工作，履行档案工作主体责任，保障档案工作依法开展。

第五条 国家档案馆馆藏的永久保管档案分一、二、三级管理，分级的具体标准和管理办法由国家档案主管部门制定。

第六条 中央国家机关经国家档案主管部门同意，省、自治区、直辖市有关国家机关经本级档案主管部门同意，可以制定本系统专业档案的具体管理制度和办法。

第七条 县级以上人民政府及其有关部门，应当加强档案宣传教育工作，普及档案知识，传播档案文化，增强全社会档案意识。

第八条 国家加强档案相关专业人才培养，支持高等院校、职业学校设立档案学等相关专业。

第九条 国家鼓励和支持企业事业单位、社会组织和个人等社会力量通过依法兴办实体、资助项目、从事志愿服务以及开展科学研究、技术创新和科技成果推广等形式，参与和支持档案事业的发展。

档案行业组织依照法律、法规、规章及其章程的规定，加强行业自律，推动诚信建设，提供行业服务，开展学术交流和档案相关科普教育，参与政策咨询和标准制定等活动。

档案主管部门应当在职责范围内予以指导。

第十条 有下列情形之一的，由县级以上人民政府、档案主管部门或者本单位按照国家有关规定给予表彰、奖励：

（一）对档案收集、整理、保护、利用做出显著成绩的；

（二）对档案科学研究、技术创新、宣传教育、交流合作做出显著成绩的；

（三）在重大活动、突发事件应对活动相关档案工作中表现突出的；

（四）将重要或者珍贵档案捐献给国家的；

（五）同违反档案法律、法规的行为作斗争，表现突出的；

（六）长期从事档案工作，表现突出的。

第二章 档案机构及其职责

第十一条 国家档案主管部门依照《档案法》第八条第一款的规定，履行下列职责：

（一）根据有关法律、行政法规和国家有关方针政策，研究、制定部门规章、档案工作具体方针政策和标准；

（二）组织协调全国档案事业的发展，制定国家档案事业发展综合规划和专项计划，并组织实施；

（三）对有关法律、行政法规、部门规章和国家有关方针政策的实施情况进行监督检查，依法查处档案违法行为；

（四）对中央国家机关各部门、中央管理的群团组织、中央企业以及中央和国务院直属事业单位的档案工作，中央级国家档案馆的工作，以及省、自治区、直辖市档案主管部门的工作，实施监督、指导；

（五）组织、指导档案理论与科学技术研究、档案信息化建设、档案宣传教育、档案工作人员培训；

（六）组织、开展档案领域的国际交流与合作。

第十二条 县级以上地方档案主管部门依照《档案法》第八条第二款的规定，履行下列职责：

（一）贯彻执行有关法律、法规、规章和国家有关方针政策；

（二）制定本行政区域档案事业发展规划和档案工作制度规范，并组织实施；

（三）监督、指导本行政区域档案工作，对有关法律、法规、规章和国家有关方针政策的实施情况进行监督检查，依法查处档案违法行为；

（四）组织、指导本行政区域档案理论与科学技术研究、档案信息化建设、档案宣传教育、档案工作人员培训。

第十三条 乡镇人民政府依照《档案法》第八条第三款的规定，履行下列职责：

（一）贯彻执行有关法律、法规、规章和国家有关方针政策，建立健全档案工作制度规范；

（二）指定人员管理本机关档案，并按照规定向有关档案馆移交档案；

（三）监督、指导所属单位以及基层群众性自治组织等的档案工作。

第十四条 机关、团体、企业事业单位和其他组织应当确定档案机构或者档案工作人员，依照《档案法》

第九条第一款的规定，履行下列职责：

（一）贯彻执行有关法律、法规、规章和国家有关方针政策，建立健全本单位档案工作制度规范；

（二）指导本单位相关材料的形成、积累、整理和归档，统一管理本单位的档案，并按照规定向有关档案馆移交档案；

（三）监督、指导所属单位的档案工作。

第十五条 各级各类档案馆的设置和管理应当符合国家有关规定。

第十六条 国家档案馆应当配备与其职责和规模相适应的专业人员，依照《档案法》第十条的规定，履行下列职责：

（一）收集本馆分管范围内的档案；

（二）按照规定整理、保管档案；

（三）依法向社会开放档案，并采取各种形式研究、开发档案资源，为各方面利用档案资源提供服务；

（四）开展宣传教育，发挥爱国主义教育和历史文化教育功能。

按照国家有关规定设置的其他各类档案馆，参照前款规定依法履行相应职责。

第十七条　档案主管部门、档案馆和机关、团体、企业事业单位以及其他组织应当为档案工作人员的教育培训、职称评审、岗位聘用等创造条件，不断提高档案工作人员的专业知识水平和业务能力。

第三章　档案的管理

第十八条　按照国家规定应当形成档案的机关、团体、企业事业单位和其他组织，应当建立档案工作责任制，确定档案工作组织结构、职责分工，落实档案工作领导责任、管理责任、执行责任，健全单位主要负责人承担档案完整与安全第一责任人职责相关制度，明确档案管理、档案基础设施建设、档案信息化等工作要求。

第十九条　依照《档案法》第十三条以及国家有关规定应当归档的材料，由机关、团体、企业事业单位和其他组织的各内设机构收集齐全，规范整理，定期交本单位档案机构或者档案工作人员集中管理，任何内设机构和个人不得拒绝归档或者据为己有。

机关、群团组织、国有企业事业单位应当明确本单位的归档范围和档案保管期限，经同级档案主管部门审核同意后施行。单位内设机构或者工作职能发生重大变化时，应当及时调整归档范围和档案保管期限，经重新审核同意后施行。

机关、群团组织、国有企业事业单位负责所属单位的归档范围和档案保管期限的审核。

第二十条 机关、团体、企业事业单位和其他组织，应当按照国家档案主管部门关于档案移交的规定，定期向有关的国家档案馆移交档案。

属于中央级和省级、设区的市级国家档案馆接收范围的档案，移交单位应当自档案形成之日起满二十年即向有关的国家档案馆移交。属于县级国家档案馆接收范围的档案，移交单位应当自档案形成之日起满十年即向有关的县级国家档案馆移交。

经同级档案主管部门检查和同意，专业性较强或者需要保密的档案，可以延长向有关的国家档案馆移交的期限。已撤销单位的档案可以提前向有关的国家档案馆移交。

由于单位保管条件不符合要求或者存在其他原因可能导致不安全或者严重损毁的档案，经协商可以提前交有关档案馆保管。

第二十一条 档案馆可以按照国家有关规定，通过接受捐献、购买、代存、交换等方式收集档案。

档案馆通过前款规定方式收集档案时，应当考虑档案的珍稀程度、内容的重要性等，并以书面协议形式约定相关方的权利和义务，明确相关档案利用条件。

国家鼓励单位和个人将属于其所有的对国家和社会具有重要保存价值的档案捐献给国家档案馆。国家档案馆应当维护捐献者的合法权益。

第二十二条 档案馆应当对所保管的档案采取下列管理措施：

（一）建立健全科学的管理制度和查阅利用规范，制定有针对性的安全风险管控措施和应急预案；

（二）配置适宜安全保存档案、符合国家有关规定的专门库房，配备防火、防盗、防水、防光、防尘、防有害气体、防有害生物以及温湿度调控等必要的设施设备；

（三）根据档案的不同等级，采取有效措施，加以保护和管理；

（四）根据需要和可能，配备适应档案现代化管理需要的设施设备；

（五）编制档案目录等便于档案查找和利用的检索工具。

机关、团体、企业事业单位和其他组织的档案保管，参照前款规定办理。

第二十三条 县级以上人民政府应当采取措施，保障国家档案馆依法接收档案所需的库房及设施设备。

任何单位和个人不得侵占、挪用国家档案馆的馆舍，不得擅自改变国家档案馆馆舍的功能和用途。

国家档案馆馆舍的建设，应当符合实用、安全、科学、美观、环保、节约的要求和国家有关工程建设标准，并配置无障碍设施设备。

第二十四条 机关、团体、企业事业单位和其他组织应当定期对本单位保管的保管期限届满的档案进行鉴定，形成鉴定工作报告。

经鉴定仍需继续保存的档案，应当重新划定保管期限并作出标注。经鉴定需要销毁的档案，其销毁工作应当遵守国家有关规定。

第二十五条 县级以上档案主管部门可以依托国家档案馆，对下列属于国家所有的档案中具有永久保存价值的档案分类别汇集有关目录数据：

（一）机关、群团组织、国有企业事业单位形成的档案；

（二）第一项所列单位之外的其他单位，经法律法规授权或者受国家机关依法委托管理公共事务形成的档案；

（三）第一项所列单位之外的其他单位或者个人，由国家资金支持，从事或者参与建设工程、科学研究、技术创新等活动形成的且按照协议约定属于国家所有的档案；

（四）国家档案馆保管的前三项以外的其他档案。

涉及国防、外交、国家安全、公共安全等的档案的目录数据，其汇集范围由有关档案主管部门会同档案形成单位研究确定。

第二十六条　档案馆和机关、团体、企业事业单位以及其他组织为了收集、交换散失在国外的档案、进行国际文化交流，以及适应经济建设、科学研究和科技成果推广等的需要，经国家档案主管部门或者省、自治区、直辖市档案主管部门依据职权审查批准，可以向国内外的单位或者个人赠送、交换、出售属于国家所有的档案的复制件。

第二十七条　一级档案严禁出境。二级档案需要出境的，应当经国家档案主管部门审查批准。

除前款规定之外，属于《档案法》第二十五条规定的档案或者复制件确需出境的,有关档案馆、机关、团体、企业事业单位和其他组织以及个人应当按照管理权限,报国家档案主管部门或者省、自治区、直辖市档案主管部门审查批准,海关凭批准文件查验放行。

档案或者复制件出境涉及数据出境的,还应当符合国家关于数据出境的规定。

相关单位和个人应当在档案或者复制件出境时主动向海关申报核验,并按照出境申请审查批准意见,妥善保管、处置出境的档案或者复制件。

第二十八条　档案馆和机关、团体、企业事业单位以及其他组织依照《档案法》第二十四条的规定委托档案服务时,应当确定受委托的档案服务企业符合下列条件:

(一)具有企业法人资格和相应的经营范围;

(二)具有与从事档案整理、寄存、开发利用、数字化等相关服务相适应的场所、设施设备、专业人员和专业能力;

(三)具有保证档案安全的管理体系和保障措施。

委托方应当对受托方的服务进行全程指导和监督,确保档案安全和服务质量。

第四章 档案的利用和公布

第二十九条 国家档案馆应当依照《档案法》的有关规定,分期分批向社会开放档案,并同时公布开放档案的目录。

第三十条 国家档案馆应当建立馆藏档案开放审核协同机制,会同档案形成单位或者移交单位进行档案开放审核。档案形成单位或者移交单位撤销、合并、职权变更的,由有关的国家档案馆会同继续行使其职权的单位共同负责;无继续行使其职权的单位的,由有关的国家档案馆负责。

尚未移交进馆档案的开放审核,由档案形成单位或者保管单位负责,并在移交进馆时附具到期开放意见、政府信息公开情况、密级变更情况等。

县级以上档案主管部门应当加强对档案开放审核工作的统筹协调。

第三十一条 对于《档案法》第二十七条规定的到期不宜开放的档案,经国家档案馆报同级档案主管部门同意,可以延期向社会开放。

第三十二条 档案馆提供社会利用的档案,应当逐步实现以复制件代替原件。数字、缩微以及其他复制形式的档案复制件，载有档案保管单位签章标识的，具有与档案原件同等的效力。

第三十三条　档案馆可以通过阅览、复制和摘录等形式，依法提供利用档案。

国家档案馆应当明确档案利用的条件、范围、程序等，在档案利用接待场所和官方网站公布相关信息，创新档案利用服务形式，推进档案查询利用服务线上线下融合。

第三十四条　机关、团体、企业事业单位和其他组织以及公民利用国家档案馆保管的未开放的档案，应当经保管该档案的国家档案馆同意，必要时，国家档案馆应当征得档案形成单位或者移交单位同意。

机关、团体、企业事业单位和其他组织的档案机构保管的尚未向国家档案馆移交的档案，其他机关、团体、企业事业单位以及公民需要利用的，应当经档案形成单位或者保管单位同意。

第三十五条　《档案法》第三十二条所称档案的公布，是指通过下列形式首次向社会公开档案的全部或者部分原文：

（一）通过报纸、期刊、图书、音像制品、电子出版物等公开出版；

（二）通过电台、电视台、计算机信息网络等公开传播；

（三）在公开场合宣读、播放；

（四）公开出售、散发或者张贴档案复制件；

（五）在展览、展示中公开陈列。

第三十六条 公布属于国家所有的档案，按照下列规定办理：

（一）保存在档案馆的，由档案馆公布；必要时，应当征得档案形成单位或者移交单位同意后公布，或者报经档案形成单位或者移交单位的上级主管部门同意后公布；

（二）保存在各单位档案机构的，由各单位公布；必要时，应当报经其上级主管部门同意后公布；

（三）利用属于国家所有的档案的单位和个人，未经档案馆或者有关单位同意，均无权公布档案。

档案馆对寄存档案的公布，应当按照约定办理；没有约定的，应当征得档案所有者的同意。

第三十七条 国家档案馆应当根据工作需要和社会

需求，开展馆藏档案的开发利用和公布，促进档案文献出版物、档案文化创意产品等的提供和传播。

国家鼓励和支持其他各类档案馆向社会开放和公布馆藏档案，促进档案资源的社会共享。

第五章　档案信息化建设

第三十八条　机关、团体、企业事业单位和其他组织应当加强档案信息化建设，积极推进电子档案管理信息系统建设。

机关、群团组织、国有企业事业单位应当将档案信息化建设纳入本单位信息化建设规划，加强办公自动化系统、业务系统归档功能建设，并与电子档案管理信息系统相互衔接，实现对电子档案的全过程管理。

电子档案管理信息系统应当按照国家有关规定建设，并符合国家关于网络安全、数据安全以及保密等的规定。

第三十九条　机关、团体、企业事业单位和其他组织应当采取管理措施和技术手段保证电子档案来源可靠、程序规范、要素合规，符合以下条件：

（一）形成者、形成活动、形成时间可确认，形成、办理、整理、归档、保管、移交等系统安全可靠；

（二）全过程管理符合有关规定，并准确记录、可追溯；

（三）内容、结构、背景信息和管理过程信息等构成要素符合规范要求。

第四十条 机关、团体、企业事业单位和其他组织应当按照国家档案主管部门有关规定，定期向有关档案馆移交电子档案。电子档案移交接收网络以及系统环境应当符合国家关于网络安全、数据安全以及保密等的规定。不具备在线移交条件的，应当通过符合安全管理要求的存储介质向档案馆移交电子档案。

档案馆应当在接收电子档案时进行真实性、完整性、可用性和安全性等方面的检测，并采取管理措施和技术手段保证电子档案在长期保存过程中的真实性、完整性、可用性和安全性。

国家档案馆可以为未到本条例第二十条第二款所规定的移交进馆期限的电子档案提供保管服务，涉及政府信息公开事项的，依照《档案法》第十五条第二款的规定办理。

第四十一条 档案馆对重要电子档案进行异地备份保管，应当采用磁介质、光介质、缩微胶片等符合安全管理要求的存储介质，定期检测载体的完好程度和数据的可读性。异地备份选址应当满足安全保密等要求。

档案馆可以根据需要建设灾难备份系统，实现重要电子档案及其管理系统的备份与灾难恢复。

第四十二条 档案馆和机关、团体、企业事业单位以及其他组织开展传统载体档案数字化工作，应当符合国家档案主管部门有关规定，保证档案数字化成果的质量和安全。

国家鼓励有条件的单位开展文字、语音、图像识别工作，加强档案资源深度挖掘和开发利用。

第四十三条 档案馆应当积极创造条件，按照国家有关规定建设、运行维护数字档案馆，为不同网络环境中的档案数字资源的收集、长期安全保存和有效利用提供保障。

国家鼓励有条件的机关、团体、企业事业单位和其他组织开展数字档案室建设，提升本单位的档案信息化水平。

第四十四条 国家档案主管部门应当制定数据共享标准，提升档案信息共享服务水平，促进全国档案数字资源跨区域、跨层级、跨部门共享利用工作。

县级以上地方档案主管部门应当推进本行政区域档案数字资源共享利用工作。

第六章　监督检查

第四十五条　国家档案馆和机关、群团组织、国有企业事业单位应当定期向同级档案主管部门报送本单位档案工作情况。

第四十六条　档案主管部门对处理投诉、举报和监督检查中发现的或者有关部门移送的涉嫌档案违法的线索和案件，应当及时依法组织调查。

经调查，发现有档案违法行为的，档案主管部门应当依法予以处理。需要追究有关责任人责任的，档案主管部门可以依法向其所在单位或者任免机关、单位提出处理建议。有关机关、单位应当及时将处理结果书面告知提出处理建议的档案主管部门。

第四十七条　县级以上档案主管部门应当加强档案行政执法队伍建设和对档案行政执法人员的教育培训。从事档案行政执法工作的人员，应当通过考试，取得行政执法证件。

第七章　法律责任

第四十八条　国家档案馆违反国家规定擅自扩大或者缩小档案接收范围的,或者不按照国家规定开放、提供利用档案的,由县级以上档案主管部门责令限期改正;情节严重的,由有关机关对负有责任的领导人员和直接责任人员依法给予处分。

第四十九条　单位或者个人将应当归档的材料据为己有,拒绝交档案机构、档案工作人员归档的,或者不按照国家规定向国家档案馆移交档案的,由县级以上档案主管部门责令限期改正;拒不改正的,由有关机关对负有责任的领导人员和直接责任人员依法给予处分。

第五十条　单位或者个人侵占、挪用国家档案馆的馆舍的,由县级以上档案主管部门责令限期改正;情节严重的,由有关机关对负有责任的领导人员和直接责任人员依法给予处分;构成犯罪的,依法追究刑事责任;造成财产损失或者其他损害的,依法承担民事责任。

第五十一条　档案服务企业在提供服务过程中明知存在档案安全隐患而不采取措施的,档案主管部门可以采取约谈、责令限期改正等措施。

档案服务企业因违反《档案法》和本条例规定受到行政处罚的，行政处罚信息依照有关法律、行政法规的规定予以公示。

第八章　附　　则

第五十二条　本条例自 2024 年 3 月 1 日起施行。《中华人民共和国档案法实施办法》同时废止。

司法部、国家档案局有关负责人就《中华人民共和国档案法实施条例》答记者问

2024年1月12日,国务院总理李强签署第772号国务院令,公布《中华人民共和国档案法实施条例》(以下简称《实施条例》),自2024年3月1日起施行。日前,司法部、国家档案局有关负责人就《实施条例》的有关问题回答了记者提问。

问:请简要介绍一下《实施条例》的出台背景。

答:档案是历史的真实记录,档案工作是维护党和国家历史真实面貌、保障人民群众根本利益的重要事业。党中央、国务院高度重视档案工作。习近平总书记指出,档案工作存史资政育人,是一项利国利民、惠及千秋万代的崇高事业,要加强党对档案工作的领导,贯彻实施好新修订的档案法,推动档案事业创新发展。《中华人民共和国档案法实施办法》(以下简称《实施办法》)对贯彻实施档案法,促进档案事业健康发展发挥了重要作

用。2021年1月，新修订的档案法施行，对档案事业发展作出新的制度安排，档案工作实践的新发展也对完善档案法配套行政法规提出了新要求。此次修改《实施办法》，并更名为《实施条例》，旨在贯彻落实新修订的档案法各项规定，科学精准保障档案法有效实施，为档案事业创新发展提供有力的法治保障。

2023年12月29日，国务院常务会议审议通过《实施条例》，将于2024年3月1日起实施。《实施条例》的出台，在提升档案工作科学化规范化水平，促进档案事业高质量发展、服务经济社会发展等方面将发挥积极作用。

问：制定《实施条例》的总体思路是什么？

答：总体思路主要有以下几点：一是坚持和加强党的领导，深入贯彻落实习近平总书记关于档案工作的重要指示批示精神和党中央、国务院决策部署，并将其转化为法规制度。二是坚持问题导向，着力解决档案工作实践中的短板弱项，推动档案法各项规定落实落地。三是坚持守正创新，吸收和借鉴档案工作最新成果，及时将成熟的经验做法上升为制度规定，增强制度的可操作性和有效性。四是坚持系统观念，在总体框架结构和内容上做到与新修订档案法有效衔接,并处理好《实施条例》与相关法律法规的关系。

问:在完善档案工作机制方面,《实施条例》主要作了哪些制度规定?

答:《实施条例》明确,一是深入贯彻落实习近平总书记关于加强党对档案工作领导的重要指示精神,进一步明确档案工作要坚持和加强党的领导,全面贯彻党的路线方针政策和决策部署,健全党领导档案工作的体制机制,把党的领导贯彻到档案工作各方面和各环节。二是强化县级以上人民政府职责,规定县级以上人民政府应当建立健全档案机构,提供档案长久安全保管场所和设施,并采取措施保障国家档案馆依法接收档案所需的库房及设施设备。三是完善各级各类档案机构的职责规定,新增乡镇人民政府档案工作职责规定。四是明确机关、团体、企业事业单位和其他组织要履行档案工作主体责任,细化建立档案工作责任制的相关规定,落实档案工作领导责任、管理责任、执行责任。

问:在规范档案收集管理方面,《实施条例》主要提出了哪些要求?

答:为从源头上确保档案的齐全完整,提高档案工作质量，《实施条例》规定，一是明确归档责任，规定应当归档的材料，由单位的各内设机构收集齐全、定期归档，任何机构或者个人不得拒绝归档或者据为己有。规定机关、群团组织、国有企业事业单位应当明确本单位的归档范围和档案保管期限，经同级档案主管部门审核同意后施行。二是明确移交责任，规定档案移交国家档案馆的义务、期限，完善有关提前移交、延期移交等具体规定，细化电子档案移交有关要求。三是要求档案馆通过接受捐献、购买、代存、交换等方式收集档案应当遵守国家有关规定，考虑档案的珍稀程度、内容的重要性等，规范相关工作，明确相关方权利义务和档案利用条件。

问：《实施条例》在健全档案保管制度方面是如何规定的？

答： 档案安全是档案工作的红线，事关国家安全。为切实维护档案安全，《实施条例》在健全档案保管制度方面作了相关规定，一是细化档案馆档案保管措施、完善国家档案馆馆舍建设和使用有关规定。二是规定县级以上档案主管部门可以依托国家档案馆，对属于国家所有的档案中具有永久保存价值的档案分类别汇集有关目录数据。三是对档案服务外包作出相关规定，明确档案服务企业应当符合的条件。

问：在推进档案开放利用方面，《实施条例》主要作了哪些制度规定？

答： 为落实档案法有关规定，进一步提高档案开放利用水平，更好服务人民群众，《实施条例》规定，一是国家档案馆应当建立馆藏档案开放审核协同机制，并要求县级以上档案主管部门加强统筹协调，明确对尚未移交进馆档案的开放审核要求。二是明确申请延期开放的程序，并根据地方档案主管部门机构改革后的新情况调整延期开放的审核主体。三是规定国家档案馆应当创新档案利用服务形式，推进档案查询利用服务线上线下融合。四是要求国家档案馆开展馆藏档案的开发利用和公布，促进档案文献出版物、档案文化创意产品等的提供和传播，促进档案资源的社会共享。

问：《实施条例》关于档案信息化建设重点强调了哪些内容？

答： 档案信息化是国家信息化工作的重要组成部分，是档案管理现代化的重要内容。新修订的档案法新增专章规范档案信息化建设，《实施条例》在其基础上作进一步细化,一是明确电子档案管理信息系统建设要求以及电子档案应当符合的条件,规范电子档案移交、接收及保管相关措施。二是对重要电子档案异地备份保管、灾难备份系统建设、传统载体档案数字化和数字档案馆(室)建设工作等提出具体要求。三是规定国家档案主管部门应当促进全国档案数字资源共享利用,县级以上地方档案主管部门应当推进本行政区域有关共享利用。

问:《实施条例》在加强监督检查方面提出了哪些相关措施?

答:档案监督检查是档案主管部门进行监督管理的主要手段,目的是贯彻落实党和国家档案工作方针政策,敦促有关主体认真履行法定义务。为此,《实施条例》明确要求,一是建立档案工作定期报告制度,加强对国家档案馆和机关、群团组织、国有企业事业单位的监督和指导。二是完善涉嫌档案违法调查处理相关规定,明确需要追究有关责任人责任的,档案主管部门可以依法向其所在单位或者任免机关、单位提出处理建议。三是加强档案行政执法队伍建设和对档案行政执法人员的教育培训,规定从事档案行政执法工作的人员应当通过考试取得行政执法证件。

夯实档案事业高质量发展法治基础

国家档案局局长　王绍忠

《中华人民共和国档案法实施条例》（以下简称《实施条例》）已于 2024 年 1 月 12 日以国务院令第 772 号公布，自 2024 年 3 月 1 日起施行。《实施条例》的颁布实施，充分体现了党中央、国务院对档案工作的高度重视，是继 2020 年档案法修订颁布后档案法治建设又一新的重要里程碑，标志着档案工作走向依法治理、走向开放、走向现代化进入了一个新的阶段，必将成为在法治轨道上推动档案事业高质量发展的有力保证。

一、充分认识《实施条例》制定出台的重要意义

现行的《中华人民共和国档案法实施办法》（以下简称《实施办法》）颁布于 1990 年，对贯彻实施档案法、促进档案事业健康发展发挥了重要作用。进入新时代，以习近平同志为核心的党中央对档案工作作出一系列重要部署，提出明确要求。全面修订后的档案法对档

案事业发展作出了新的顶层设计和制度安排。对《实施办法》与时俱进修改完善，既是在党的创新理论指导下推动档案法治建设的必然要求，也是完善配套行政法规、更好推动档案法各项规定贯彻落实的现实需要。

《实施条例》的制定出台是贯彻落实习近平总书记关于档案工作一系列重要论述和指示批示精神的重要成果。习近平总书记以深邃的历史眼光和宏阔的时代视野，从对党、对国家、对民族、对人民负责的高度，就档案工作地位作用、目标任务、发展路径、实践要求等作出一系列重要论述，特别是在建党百年之际对档案工作作出的重要批示，深刻回答了新时代档案工作"怎么看、怎么做"的重大问题，为做好新时代档案工作提供了根本遵循。《实施条例》坚持以习近平新时代中国特色社会主义思想为指导，深入践行习近平法治思想，将习近平总书记关于档案工作一系列重要论述和指示批示精神的思想精髓、核心要义转化为法规制度，有利于坚持和加强党对档案工作的领导，有利于推进党中央决策部署在档案领域的贯彻落实，有利于档案工作更好履行为党管档、为国守史、为民服务的职责使命。

《实施条例》的制定出台是在新征程上全面推进档案事业现代化和高质量发展、努力建设档案强国的重要举措。全面建设社会主义现代化国家新征程既为档案工作提供了前所未有的广阔舞台，也对档案工作提出了新的更高要求。档案工作必须紧紧跟上党和国家事业发展步伐，聚焦实现高质量发展这个主题，全面推进档案治理体系和档案资源、利用、安全体系建设，着力提高档案工作现代化水平。《实施条例》坚持问题导向和目标导向，紧紧围绕档案工作"三个走向"，着眼于解决"四个体系"建设要素"缺项"问题，对《实施办法》中的一些基本制度和重要章节作了较大的调整和补充，旨在充分发挥法治的引领、规范、保障作用，加快推动档案治理效能、档案资源建设质量、档案利用服务水平和档案安全保障能力全面现代化，促使档案工作成为国家治理体系和治理能力现代化的基础性支撑性力量。

《实施条例》的制定出台是运用法治思维和法治方式加强档案行业管理、提升依法管档治档水平的重要抓手。档案法修订实施以来，各级档案主管部门以贯彻实施档案法为抓手加强档案行政管理，创新行政执法和日常监管模式，调整行政许可事项，制定行政权力清单，在依法管档治档方面探索形成了一些实践证明是成熟的经验做法。《实施条例》充分吸收这些经验做法，在档案法规定的基础上，进一步明确档案领域各类主体的权利义务关系和相应的法律责任，围绕加强事中事后监管丰富监管措施和执法手段，严格设定法律责任强化责任追究。这些针对法律实施中遇到的新情况新问题提出的解决方案、作出的细化规定，为各级档案主管部门行使行政管理职能划定了准绳，为各级各类档案馆以及机关、团体、企业事业单位和其他组织的档案机构从事各项活动提供了依据，进一步确保档案工作在法治轨道上运行。

二、准确把握《实施条例》的主要内容和精神实质

《实施条例》的制定聚焦推动档案法各项规定落实落地，在总体框架上与新修订的档案法保持一致，较原先的《实施办法》新增"档案信息化建设"和"监督检查"两章，从6章30条扩展至8章52条。本着于法周延、于事有效的原则，《实施条例》在对档案法各项规定进行细化、补充和完善的同时，对档案工作实践中反映的突出问题，注重从制度层面提出针对性、操作性强的措施办法。

进一步完善档案工作机制，突出政治引领、强化责任落实。《实施条例》坚持档案工作的政治定位，深入贯彻落实习近平总书记关于加强党对档案工作领导的重要指示精神，旗帜鲜明地要求在档案工作中全面贯彻党的路线方针和决策部署，要求健全党领导档案工作的体制机制，要求把党的领导贯彻到档案工作各方面和各环节。细化档案法有关统一领导、分级管理的制度安排，从建立健全档案机构、保障人力财力物力投入等方面进一步强化县级以上人民政府职责。完善各级各类档案机构职责规定，新增乡镇人民政府档案工作职责以及机关、团体、企业事业单位和其他组织建立档案工作责任制的规定，特别是有关健全单位主要负责人承担档案完整与安全第一责任人职责相关制度的要求，将成为激发各单位做好档案工作内生动力的强大机制保障。

进一步规范档案收集管理，注重源头治理、加强资源管控。档案资源是党和国家的宝贵财富，也是档案事业发展的基础。为从源头上确保档案收集齐全完整，《实施条例》进一步明确归档责任、移交责任，统一归档和档案移交接收进馆有关要求，确保"应归尽归、应收尽收"有效落实。将归档工作中经实践检验的成熟做法吸纳上升为法规制度，规定机关、群团组织、国有企业事业单位应当明确本单位的归档范围和档案保管期限，经同级档案主管部门审核同意后施行，并要求在单位内设机构或者工作职能发生重大变化时及时作出调整。针对实际工作中存在的档案移交接收不及时、不齐全、不规范问题，明确提出档案移交国家档案馆的义务、期限，完善提前移交、延期移交等情形，细化档案特别是电子档案移交国家档案馆的有关规定。

进一步健全档案保管制度，坚持底线思维、维护档案安全。 档案安全作为国家安全体系的重要组成部分，是档案工作的底线。在档案法对构建档案安全体系作出全面规定的基础上，《实施条例》坚决贯彻总体国家安全观，统筹档案领域传统安全和非传统安全，细化档案馆舍建设使用、档案保管措施、档案鉴定销毁等有关规定，强调档案管理信息系统和数字档案馆（室）建设中的网络安全、数据安全和保密要求，对重要电子档案异地备份保管、灾难备份系统建设等提出具体要求，并对档案服务企业应当符合的条件予以明确，从法规制度上进一步织牢织密安全防线。尤为需要提及的是，《实施条例》在总结近年来脱贫攻坚和疫情防控两类档案归集工作有关实践经验基础上，增加有关国有档案目录数据汇集的规定，切实维护国有档案安全。

进一步推进档案开放利用，体现人民立场、实现档案价值。 依法开放档案、促进档案利用是发挥档案部门作用和彰显档案工作价值的关键所在。新修订的档案法在扩大档案开放方面迈出了重大步伐。为落实档案法有关规定，进一步提高档案开放利用水平，《实施条例》秉持服务经济社会发展，让人民群众共享档案事业发展成果的价值取向，进一步对创新档案利用服务形式、推动查询利用服务线上线下融合、促进档案文献出版物和档案文化创意产品的提供与传播，以及档案数字化和档案数字资源共享利用等提出具体要求。为解决档案开放中的难点堵点问题，在总结近年来工作实践的基础上，《实施条例》增加了建立档案开放审核协同机制的规定，并要求档案主管部门履行统筹协调职责，以便加快推动档案馆馆藏档案依法、有序向社会开放。

三、把实施档案法和依法管档治档提高到新水平

《实施条例》作为与档案法配套的主干法规，是对档案法确定的档案工作基本方向和主要原则的具体化，夯实了档案工作的法治基础。我们要以《实施条例》的制

定出台为契机，进一步把贯彻实施档案法引向深入，全面提升档案工作法治化、规范化、科学化水平，在法治轨道上加快推进档案事业高质量发展。

加强制度规范建设。法律是治国之重器，良法是善治之前提。要围绕形成内容科学、程序严密、配套完备、运行有效的档案法规制度体系这一目标，统筹做好相关立改废释工作，重点推进《机关档案工作条例》《科学技术档案工作条例》《电子档案管理规定》《档案监督检查暂行办法》等国家治理急需、行业发展必备的法规制度制定修订。各地区和有关部门要结合实际，加快推进配套法规制度的制修订工作。

提升法治实施效能。法律的生命力在于实施，法律的权威也在于实施。各级档案部门要履行好档案法及《实施条例》赋予的职责义务，健全和落实制度要求，特别是要将新规定、新机制尽快在实践中予以落实、运行并发挥作用。《实施条例》作为行政法规，和档案法一样具有刚性约束力。各级档案主管部门要进一步加大执法监督检查力度，严肃查处档案违法行为，切实把档案法律制度转化为档案治理效能。

强化组织保障力度。"徒善不足以为政，徒法不能以自行"。全面贯彻实施档案法及《实施条例》,深化依法管档治档,是一项长期工程、系统工程,必须加强政治、组织、队伍、人才、科技、信息等保障。要积极构建党管档案、依法治理、局馆协同、社会参与的档案事业发展格局,同时主动向各级党委政府及有关部门和社会公众广泛宣传档案工作,提高全社会档案意识,为档案法及《实施条例》的贯彻实施和档案工作的开展创造更好条件。

中华人民共和国档案法实施办法[*]

(1999年5月5日国务院批准 1999年6月7日国家档案局发布 根据2017年3月1日《国务院关于修改和废止部分行政法规的决定》修订)

第一章 总 则

第一条 根据《中华人民共和国档案法》（以下简称《档案法》）的规定，制定本办法。

第二条 《档案法》第二条所称对国家和社会有保存价值的档案，属于国家所有的，由国家档案局会同国家有关部门确定具体范围；属于集体所有、个人所有以及其他不属于国家所有的，由省、自治区、直辖市人民政府档案行政管理部门征得国家档案局同意后确定具体范围。

第三条 各级国家档案馆馆藏的永久保管档案分一、

---

[*] 已被《中华人民共和国档案法实施条例》废止，供研究使用。

二、三级管理，分级的具体标准和管理办法由国家档案局制定。

第四条 国务院各部门经国家档案局同意，省、自治区、直辖市人民政府各部门经本级人民政府档案行政管理部门同意，可以制定本系统专业档案的具体管理制度和办法。

第五条 县级以上各级人民政府应当加强对档案工作的领导，把档案事业建设列入本级国民经济和社会发展计划，建立、健全档案机构，确定必要的人员编制，统筹安排发展档案事业所需经费。

机关、团体、企业事业单位和其他组织应当加强对本单位档案工作的领导，保障档案工作依法开展。

第六条 有下列事迹之一的，由人民政府、档案行政管理部门或者本单位给予奖励：

（一）对档案的收集、整理、提供利用做出显著成绩的；

（二）对档案的保护和现代化管理做出显著成绩的；

（三）对档案学研究做出重要贡献的；

（四）将重要的或者珍贵的档案捐赠给国家的；

（五）同违反档案法律、法规的行为作斗争，表现突出的。

第二章　档案机构及其职责

第七条　国家档案局依照《档案法》第六条第一款的规定，履行下列职责：

（一）根据有关法律、行政法规和国家有关方针政策，研究、制定档案工作规章制度和具体方针政策；

（二）组织协调全国档案事业的发展，制定发展档案事业的综合规划和专项计划，并组织实施；

（三）对有关法律、法规和国家有关方针政策的实施情况进行监督检查，依法查处档案违法行为；

（四）对中央和国家机关各部门、国务院直属企业事业单位以及依照国家有关规定不属于登记范围的全国性社会团体的档案工作，中央级国家档案馆的工作，以及省、自治区、直辖市人民政府档案行政管理部门的工作，实施监督、指导；

（五）组织、指导档案理论与科学技术研究、档案宣传与档案教育、档案工作人员培训；

（六）组织、开展档案工作的国际交流活动。

第八条　县级以上地方各级人民政府档案行政管理部门依照《档案法》第六条第二款的规定，履行下列职责：

（一）贯彻执行有关法律、法规和国家有关方针政策；

（二）制定本行政区域内的档案事业发展计划和档案工作规章制度，并组织实施；

（三）监督、指导本行政区域内的档案工作，依法查处档案违法行为；

（四）组织、指导本行政区域内档案理论与科学技术研究、档案宣传与档案教育、档案工作人员培训。

第九条 机关、团体、企业事业单位和其他组织的档案机构依照《档案法》第七条的规定，履行下列职责：

（一）贯彻执行有关法律、法规和国家有关方针政策，建立、健全本单位的档案工作规章制度；

（二）指导本单位文件、资料的形成、积累和归档工作；

（三）统一管理本单位的档案，并按照规定向有关档案馆移交档案；

（四）监督、指导所属机构的档案工作。

第十条 中央和地方各级国家档案馆，是集中保存、管理档案的文化事业机构，依照《档案法》第八条的规定，承担下列工作任务：

（一）收集和接收本馆保管范围内对国家和社会有保

存价值的档案；

（二）对所保存的档案严格按照规定整理和保管；

（三）采取各种形式开发档案资源，为社会利用档案资源提供服务。

按照国家有关规定，经批准成立的其他各类档案馆，根据需要，可以承担前款规定的工作任务。

第十一条　全国档案馆的设置原则和布局方案，由国家档案局制定，报国务院批准后实施。

第三章　档案的管理

第十二条　按照国家档案局关于文件材料归档的规定，应当立卷归档的材料由单位的文书或者业务机构收集齐全，并进行整理、立卷，定期交本单位档案机构或者档案工作人员集中管理；任何人都不得据为己有或者拒绝归档。

第十三条　机关、团体、企业事业单位和其他组织，应当按照国家档案局关于档案移交的规定，定期向有关的国家档案馆移交档案。

属于中央级和省级、设区的市级国家档案馆接收范围的档案，立档单位应当自档案形成之日起满20年即向有关的国家档案馆移交；属于县级国家档案馆接收范围的档案，立档单位应当自档案形成之日起满10年即向有关的县级国家档案馆移交。

经同级档案行政管理部门检查和同意，专业性较强或者需要保密的档案，可以延长向有关档案馆移交的期限；已撤销单位的档案或者由于保管条件恶劣可能导致不安全或者严重损毁的档案，可以提前向有关档案馆移交。

第十四条　既是文物、图书资料又是档案的，档案馆可以与博物馆、图书馆、纪念馆等单位相互交换重复件、复制件或者目录，联合举办展览，共同编辑出版有关史料或者进行史料研究。

第十五条　各级国家档案馆应当对所保管的档案采取下列管理措施：

（一）建立科学的管理制度，逐步实现保管的规范化、标准化；

（二）配置适宜安全保存档案的专门库房，配备防盗、防火、防渍、防有害生物的必要设施；

（三）根据档案的不同等级，采取有效措施，加以保护和管理；

（四）根据需要和可能，配备适应档案现代化管理需要的技术设备。

机关、团体、企业事业单位和其他组织的档案保管，根据需要，参照前款规定办理。

第十六条 《档案法》第十四条所称保密档案密级的变更和解密，依照《中华人民共和国保守国家秘密法》及其实施办法的规定办理。

第十七条 属于国家所有的档案，任何组织和个人都不得出卖。

国有企业事业单位因资产转让需要转让有关档案的，按照国家有关规定办理。

各级各类档案馆以及机关、团体、企业事业单位和其他组织为了收集、交换中国散失在国外的档案、进行国际文化交流，以及适应经济建设、科学研究和科技成果推广等的需要，经国家档案局或者省、自治区、直辖市人民政府档案行政管理部门依据职权审查批准，可以向国内外的单位或者个人赠送、交换、出卖档案的复制件。

第十八条 各级国家档案馆馆藏的一级档案严禁出境。

各级国家档案馆馆藏的二级档案需要出境的，必须经国家档案局审查批准。各级国家档案馆馆藏的三级档案、各级国家档案馆馆藏的一、二、三级档案以外的属于国家所有的档案和属于集体所有、个人所有以及其他不属于国家所有的对国家和社会具有保存价值的或者应当保密的档案及其复制件，各级国家档案馆以及机关、团体、企业事业单位、其他组织和个人需要携带、运输或者邮寄出境的，必须经省、自治区、直辖市人民政府档案行政管理部门审查批准，海关凭批准文件查验放行。

第四章 档案的利用和公布

第十九条 各级国家档案馆保管的档案应当按照《档案法》的有关规定，分期分批地向社会开放，并同时公布开放档案的目录。档案开放的起始时间：

（一）中华人民共和国成立以前的档案（包括清代和清代以前的档案；民国时期的档案和革命历史档案），自本办法实施之日起向社会开放；

（二）中华人民共和国成立以来形成的档案，自形成之日起满30年向社会开放；

（三）经济、科学、技术、文化等类档案，可以随时向社会开放。

前款所列档案中涉及国防、外交、公安、国家安全等国家重大利益的档案,以及其他虽自形成之日起已满30年但档案馆认为到期仍不宜开放的档案,经上一级档案行政管理部门批准,可以延期向社会开放。

第二十条　各级各类档案馆提供社会利用的档案,应当逐步实现以缩微品代替原件。档案缩微品和其他复制形式的档案载有档案收藏单位法定代表人的签名或者印章标记的,具有与档案原件同等的效力。

第二十一条　《档案法》所称档案的利用,是指对档案的阅览、复制和摘录。

中华人民共和国公民和组织,持有介绍信或者工作证、身份证等合法证明,可以利用已开放的档案。

外国人或者外国组织利用中国已开放的档案,须经中国有关主管部门介绍以及保存该档案的档案馆同意。

机关、团体、企业事业单位和其他组织以及中国公民利用档案馆保存的未开放的档案,须经保存该档案的档案馆同意,必要时还须经有关的档案行政管理部门审查同意。

机关、团体、企业事业单位和其他组织的档案机构保存的尚未向档案馆移交的档案,其他机关、团体、企业事业单位和组织以及中国公民需要利用的,须经档案保存单位同意。

各级各类档案馆应当为社会利用档案创造便利条件。提供社会利用的档案，可以按照规定收取费用。收费标准由国家档案局会同国务院价格管理部门制定。

第二十二条 《档案法》第二十二条所称档案的公布，是指通过下列形式首次向社会公开档案的全部或者部分原文，或者档案记载的特定内容：

（一）通过报纸、刊物、图书、声像、电子等出版物发表；

（二）通过电台、电视台播放；

（三）通过公众计算机信息网络传播；

（四）在公开场合宣读、播放；

（五）出版发行档案史料、资料的全文或者摘录汇编；

（六）公开出售、散发或者张贴档案复制件；

（七）展览、公开陈列档案或者其复制件。

第二十三条 公布属于国家所有的档案，按照下列规定办理：

（一）保存在档案馆的，由档案馆公布；必要时，应当征得档案形成单位同意或者报经档案形成单位的上级主管机关同意后公布；

（二）保存在各单位档案机构的，由各该单位公布；

必要时，应当报经其上级主管机关同意后公布；

（三）利用属于国家所有的档案的单位和个人，未经档案馆、档案保存单位同意或者前两项所列主管机关的授权或者批准，均无权公布档案。

属于集体所有、个人所有以及其他不属于国家所有的对国家和社会具有保存价值的档案，其所有者向社会公布时，应当遵守国家有关保密的规定，不得损害国家的、社会的、集体的和其他公民的利益。

第二十四条 各级国家档案馆对寄存档案的公布和利用，应当征得档案所有者同意。

第二十五条 利用、公布档案，不得违反国家有关知识产权保护的法律规定。

第五章 罚 则

第二十六条 有下列行为之一的，由县级以上人民政府档案行政管理部门责令限期改正；情节严重的，对直接负责的主管人员或者其他直接责任人员依法给予行政处分：

（一）将公务活动中形成的应当归档的文件、资料据为己有，拒绝交档案机构、档案工作人员归档的；

（二）拒不按照国家规定向国家档案馆移交档案的；

（三）违反国家规定擅自扩大或者缩小档案接收范围的；

（四）不按照国家规定开放档案的；

（五）明知所保存的档案面临危险而不采取措施，造成档案损失的；

（六）档案工作人员、对档案工作负有领导责任的人员玩忽职守，造成档案损失的。

第二十七条 《档案法》第二十四条第二款、第三款规定的罚款数额，根据有关档案的价值和数量，对单位为1万元以上10万元以下，对个人为500元以上5000元以下。

第二十八条 违反《档案法》和本办法，造成档案损失的，由县级以上人民政府档案行政管理部门、有关主管部门根据损失档案的价值，责令赔偿损失。

第六章 附　　则

第二十九条 中国人民解放军的档案工作，根据《档案法》和本办法确定的原则管理。

第三十条 本办法自发布之日起施行。

附录二

中华人民共和国国家安全法

（2015年7月1日第十二届全国人民代表大会常务委员会第十五次会议通过 2015年7月1日中华人民共和国主席令第29号公布 自公布之日起施行）

目 录

第一章 总 则

第二章 维护国家安全的任务

第三章 维护国家安全的职责

第四章 国家安全制度

　第一节 一般规定

　第二节 情报信息

　第三节 风险预防、评估和预警

　第四节 审查监管

　第五节 危机管控

第五章 国家安全保障

第六章　公民、组织的义务和权利

第七章　附　　则

第一章　总　　则

第一条　为了维护国家安全，保卫人民民主专政的政权和中国特色社会主义制度，保护人民的根本利益，保障改革开放和社会主义现代化建设的顺利进行，实现中华民族伟大复兴，根据宪法，制定本法。

第二条　国家安全是指国家政权、主权、统一和领土完整、人民福祉、经济社会可持续发展和国家其他重大利益相对处于没有危险和不受内外威胁的状态，以及保障持续安全状态的能力。

第三条　国家安全工作应当坚持总体国家安全观，以人民安全为宗旨，以政治安全为根本，以经济安全为基础，以军事、文化、社会安全为保障，以促进国际安全为依托，维护各领域国家安全，构建国家安全体系，走中国特色国家安全道路。

第四条　坚持中国共产党对国家安全工作的领导，建立集中统一、高效权威的国家安全领导体制。

第五条　中央国家安全领导机构负责国家安全工作

的决策和议事协调，研究制定、指导实施国家安全战略和有关重大方针政策，统筹协调国家安全重大事项和重要工作，推动国家安全法治建设。

第六条 国家制定并不断完善国家安全战略，全面评估国际、国内安全形势，明确国家安全战略的指导方针、中长期目标、重点领域的国家安全政策、工作任务和措施。

第七条 维护国家安全，应当遵守宪法和法律，坚持社会主义法治原则，尊重和保障人权，依法保护公民的权利和自由。

第八条 维护国家安全，应当与经济社会发展相协调。

国家安全工作应当统筹内部安全和外部安全、国土安全和国民安全、传统安全和非传统安全、自身安全和共同安全。

第九条 维护国家安全，应当坚持预防为主、标本兼治，专门工作与群众路线相结合，充分发挥专门机关和其他有关机关维护国家安全的职能作用，广泛动员公民和组织，防范、制止和依法惩治危害国家安全的行为。

第十条 维护国家安全，应当坚持互信、互利、平等、协作，积极同外国政府和国际组织开展安全交流合作，履行国际安全义务，促进共同安全，维护世界和平。

第十一条　中华人民共和国公民、一切国家机关和武装力量、各政党和各人民团体、企业事业组织和其他社会组织，都有维护国家安全的责任和义务。

中国的主权和领土完整不容侵犯和分割。维护国家主权、统一和领土完整是包括港澳同胞和台湾同胞在内的全中国人民的共同义务。

第十二条　国家对在维护国家安全工作中作出突出贡献的个人和组织给予表彰和奖励。

第十三条　国家机关工作人员在国家安全工作和涉及国家安全活动中，滥用职权、玩忽职守、徇私舞弊的，依法追究法律责任。

任何个人和组织违反本法和有关法律，不履行维护国家安全义务或者从事危害国家安全活动的，依法追究法律责任。

第十四条　每年4月15日为全民国家安全教育日。

第二章　维护国家安全的任务

第十五条　国家坚持中国共产党的领导，维护中国特色社会主义制度，发展社会主义民主政治，健全社会主义法治，强化权力运行制约和监督机制，保障人民当家作主的各项权利。

国家防范、制止和依法惩治任何叛国、分裂国家、煽动叛乱、颠覆或者煽动颠覆人民民主专政政权的行为；防范、制止和依法惩治窃取、泄露国家秘密等危害国家安全的行为；防范、制止和依法惩治境外势力的渗透、破坏、颠覆、分裂活动。

第十六条　国家维护和发展最广大人民的根本利益，保卫人民安全，创造良好生存发展条件和安定工作生活环境，保障公民的生命财产安全和其他合法权益。

第十七条　国家加强边防、海防和空防建设，采取一切必要的防卫和管控措施，保卫领陆、内水、领海和领空安全，维护国家领土主权和海洋权益。

第十八条　国家加强武装力量革命化、现代化、正规化建设，建设与保卫国家安全和发展利益需要相适应的武装力量；实施积极防御军事战略方针，防备和抵御侵略，制止武装颠覆和分裂；开展国际军事安全合作，实施联合国维和、国际救援、海上护航和维护国家海外利益的军事行动，维护国家主权、安全、领土完整、发展利益和世界和平。

第十九条 国家维护国家基本经济制度和社会主义市场经济秩序,健全预防和化解经济安全风险的制度机制,保障关系国民经济命脉的重要行业和关键领域、重点产业、重大基础设施和重大建设项目以及其他重大经济利益安全。

第二十条 国家健全金融宏观审慎管理和金融风险防范、处置机制,加强金融基础设施和基础能力建设,防范和化解系统性、区域性金融风险,防范和抵御外部金融风险的冲击。

第二十一条 国家合理利用和保护资源能源,有效管控战略资源能源的开发,加强战略资源能源储备,完善资源能源运输战略通道建设和安全保护措施,加强国际资源能源合作,全面提升应急保障能力,保障经济社会发展所需的资源能源持续、可靠和有效供给。

第二十二条 国家健全粮食安全保障体系,保护和提高粮食综合生产能力,完善粮食储备制度、流通体系和市场调控机制,健全粮食安全预警制度,保障粮食供给和质量安全。

第二十三条 国家坚持社会主义先进文化前进方向,

继承和弘扬中华民族优秀传统文化，培育和践行社会主义核心价值观，防范和抵制不良文化的影响，掌握意识形态领域主导权，增强文化整体实力和竞争力。

第二十四条 国家加强自主创新能力建设，加快发展自主可控的战略高新技术和重要领域核心关键技术，加强知识产权的运用、保护和科技保密能力建设，保障重大技术和工程的安全。

第二十五条 国家建设网络与信息安全保障体系，提升网络与信息安全保护能力，加强网络和信息技术的创新研究和开发应用，实现网络和信息核心技术、关键基础设施和重要领域信息系统及数据的安全可控；加强网络管理，防范、制止和依法惩治网络攻击、网络入侵、网络窃密、散布违法有害信息等网络违法犯罪行为，维护国家网络空间主权、安全和发展利益。

第二十六条 国家坚持和完善民族区域自治制度，巩固和发展平等团结互助和谐的社会主义民族关系。坚持各民族一律平等，加强民族交往、交流、交融，防范、制止和依法惩治民族分裂活动，维护国家统一、民族团结和社会和谐，实现各民族共同团结奋斗、共同繁荣发展。

第二十七条 国家依法保护公民宗教信仰自由和正常宗教活动，坚持宗教独立自主自办的原则，防范、制止和依法惩治利用宗教名义进行危害国家安全的违法犯罪活动，反对境外势力干涉境内宗教事务，维护正常宗教活动秩序。

国家依法取缔邪教组织，防范、制止和依法惩治邪教违法犯罪活动。

第二十八条 国家反对一切形式的恐怖主义和极端主义，加强防范和处置恐怖主义的能力建设，依法开展情报、调查、防范、处置以及资金监管等工作，依法取缔恐怖活动组织和严厉惩治暴力恐怖活动。

第二十九条 国家健全有效预防和化解社会矛盾的体制机制，健全公共安全体系，积极预防、减少和化解社会矛盾，妥善处置公共卫生、社会安全等影响国家安全和社会稳定的突发事件，促进社会和谐，维护公共安全和社会安定。

第三十条 国家完善生态环境保护制度体系，加大生态建设和环境保护力度，划定生态保护红线，强化生态风险的预警和防控，妥善处置突发环境事件，保障人民赖以生存发展的大气、水、土壤等自然环境和条件不受威胁和破坏,促进人与自然和谐发展。

第三十一条 国家坚持和平利用核能和核技术,加强国际合作,防止核扩散,完善防扩散机制,加强对核设施、核材料、核活动和核废料处置的安全管理、监管和保护,加强核事故应急体系和应急能力建设,防止、控制和消除核事故对公民生命健康和生态环境的危害,不断增强有效应对和防范核威胁、核攻击的能力。

第三十二条 国家坚持和平探索和利用外层空间、国际海底区域和极地,增强安全进出、科学考察、开发利用的能力,加强国际合作,维护我国在外层空间、国际海底区域和极地的活动、资产和其他利益的安全。

第三十三条 国家依法采取必要措施,保护海外中国公民、组织和机构的安全和正当权益,保护国家的海外利益不受威胁和侵害。

第三十四条 国家根据经济社会发展和国家发展利益的需要,不断完善维护国家安全的任务。

第三章 维护国家安全的职责

第三十五条 全国人民代表大会依照宪法规定,决定战争和和平的问题,行使宪法规定的涉及国家安全的其他职权。

全国人民代表大会常务委员会依照宪法规定，决定战争状态的宣布，决定全国总动员或者局部动员，决定全国或者个别省、自治区、直辖市进入紧急状态，行使宪法规定的和全国人民代表大会授予的涉及国家安全的其他职权。

第三十六条　中华人民共和国主席根据全国人民代表大会的决定和全国人民代表大会常务委员会的决定，宣布进入紧急状态，宣布战争状态，发布动员令，行使宪法规定的涉及国家安全的其他职权。

第三十七条　国务院根据宪法和法律，制定涉及国家安全的行政法规，规定有关行政措施，发布有关决定和命令；实施国家安全法律法规和政策；依照法律规定决定省、自治区、直辖市的范围内部分地区进入紧急状态；行使宪法法律规定的和全国人民代表大会及其常务委员会授予的涉及国家安全的其他职权。

第三十八条　中央军事委员会领导全国武装力量，决定军事战略和武装力量的作战方针，统一指挥维护国家安全的军事行动，制定涉及国家安全的军事法规，发布有关决定和命令。

第三十九条 中央国家机关各部门按照职责分工，贯彻执行国家安全方针政策和法律法规，管理指导本系统、本领域国家安全工作。

第四十条 地方各级人民代表大会和县级以上地方各级人民代表大会常务委员会在本行政区域内，保证国家安全法律法规的遵守和执行。

地方各级人民政府依照法律法规规定管理本行政区域内的国家安全工作。

香港特别行政区、澳门特别行政区应当履行维护国家安全的责任。

第四十一条 人民法院依照法律规定行使审判权，人民检察院依照法律规定行使检察权，惩治危害国家安全的犯罪。

第四十二条 国家安全机关、公安机关依法搜集涉及国家安全的情报信息，在国家安全工作中依法行使侦查、拘留、预审和执行逮捕以及法律规定的其他职权。

有关军事机关在国家安全工作中依法行使相关职权。

第四十三条 国家机关及其工作人员在履行职责时，应当贯彻维护国家安全的原则。

国家机关及其工作人员在国家安全工作和涉及国家

安全活动中,应当严格依法履行职责,不得超越职权、滥用职权,不得侵犯个人和组织的合法权益。

第四章 国家安全制度

第一节 一般规定

第四十四条 中央国家安全领导机构实行统分结合、协调高效的国家安全制度与工作机制。

第四十五条 国家建立国家安全重点领域工作协调机制,统筹协调中央有关职能部门推进相关工作。

第四十六条 国家建立国家安全工作督促检查和责任追究机制,确保国家安全战略和重大部署贯彻落实。

第四十七条 各部门、各地区应当采取有效措施,贯彻实施国家安全战略。

第四十八条 国家根据维护国家安全工作需要,建立跨部门会商工作机制,就维护国家安全工作的重大事项进行会商研判,提出意见和建议。

第四十九条 国家建立中央与地方之间、部门之间、军地之间以及地区之间关于国家安全的协同联动机制。

第五十条 国家建立国家安全决策咨询机制,组织专家和有关方面开展对国家安全形势的分析研判,推进国家安全的科学决策。

第二节 情报信息

第五十一条 国家健全统一归口、反应灵敏、准确高效、运转顺畅的情报信息收集、研判和使用制度,建立情报信息工作协调机制,实现情报信息的及时收集、准确研判、有效使用和共享。

第五十二条 国家安全机关、公安机关、有关军事机关根据职责分工,依法搜集涉及国家安全的情报信息。

国家机关各部门在履行职责过程中,对于获取的涉及国家安全的有关信息应当及时上报。

第五十三条 开展情报信息工作,应当充分运用现代科学技术手段,加强对情报信息的鉴别、筛选、综合和研判分析。

第五十四条 情报信息的报送应当及时、准确、客观,不得迟报、漏报、瞒报和谎报。

第三节 风险预防、评估和预警

第五十五条 国家制定完善应对各领域国家安全风

险预案。

第五十六条 国家建立国家安全风险评估机制，定期开展各领域国家安全风险调查评估。

有关部门应当定期向中央国家安全领导机构提交国家安全风险评估报告。

第五十七条 国家健全国家安全风险监测预警制度，根据国家安全风险程度，及时发布相应风险预警。

第五十八条 对可能即将发生或者已经发生的危害国家安全的事件，县级以上地方人民政府及其有关主管部门应当立即按照规定向上一级人民政府及其有关主管部门报告，必要时可以越级上报。

第四节 审查监管

第五十九条 国家建立国家安全审查和监管的制度和机制，对影响或者可能影响国家安全的外商投资、特定物项和关键技术、网络信息技术产品和服务、涉及国家安全事项的建设项目，以及其他重大事项和活动，进行国家安全审查，有效预防和化解国家安全风险。

第六十条 中央国家机关各部门依照法律、行政法规行使国家安全审查职责，依法作出国家安全审查决定或者提出安全审查意见并监督执行。

第六十一条　省、自治区、直辖市依法负责本行政区域内有关国家安全审查和监管工作。

第五节　危机管控

第六十二条　国家建立统一领导、协同联动、有序高效的国家安全危机管控制度。

第六十三条　发生危及国家安全的重大事件，中央有关部门和有关地方根据中央国家安全领导机构的统一部署，依法启动应急预案，采取管控处置措施。

第六十四条　发生危及国家安全的特别重大事件，需要进入紧急状态、战争状态或者进行全国总动员、局部动员的，由全国人民代表大会、全国人民代表大会常务委员会或者国务院依照宪法和有关法律规定的权限和程序决定。

第六十五条　国家决定进入紧急状态、战争状态或者实施国防动员后，履行国家安全危机管控职责的有关机关依照法律规定或者全国人民代表大会常务委员会规定，有权采取限制公民和组织权利、增加公民和组织义务的特别措施。

第六十六条　履行国家安全危机管控职责的有关机关依法采取处置国家安全危机的管控措施，应当与国家安全危机可能造成的危害的性质、程度和范围相适应；有多种措施可供选择的，应当选择有利于最大程度保护公民、组织权益的措施。

第六十七条　国家健全国家安全危机的信息报告和发布机制。

国家安全危机事件发生后，履行国家安全危机管控职责的有关机关，应当按照规定准确、及时报告，并依法将有关国家安全危机事件发生、发展、管控处置及善后情况统一向社会发布。

第六十八条　国家安全威胁和危害得到控制或者消除后，应当及时解除管控处置措施，做好善后工作。

第五章　国家安全保障

第六十九条　国家健全国家安全保障体系，增强维护国家安全的能力。

第七十条　国家健全国家安全法律制度体系，推动国家安全法治建设。

第七十一条　国家加大对国家安全各项建设的投入，

保障国家安全工作所需经费和装备。

第七十二条 承担国家安全战略物资储备任务的单位,应当按照国家有关规定和标准对国家安全物资进行收储、保管和维护,定期调整更换,保证储备物资的使用效能和安全。

第七十三条 鼓励国家安全领域科技创新,发挥科技在维护国家安全中的作用。

第七十四条 国家采取必要措施,招录、培养和管理国家安全工作专门人才和特殊人才。

根据维护国家安全工作的需要,国家依法保护有关机关专门从事国家安全工作人员的身份和合法权益,加大人身保护和安置保障力度。

第七十五条 国家安全机关、公安机关、有关军事机关开展国家安全专门工作,可以依法采取必要手段和方式,有关部门和地方应当在职责范围内提供支持和配合。

第七十六条 国家加强国家安全新闻宣传和舆论引导,通过多种形式开展国家安全宣传教育活动,将国家安全教育纳入国民教育体系和公务员教育培训体系,增强全民国家安全意识。

第六章 公民、组织的义务和权利

第七十七条 公民和组织应当履行下列维护国家安全的义务：

（一）遵守宪法、法律法规关于国家安全的有关规定；

（二）及时报告危害国家安全活动的线索；

（三）如实提供所知悉的涉及危害国家安全活动的证据；

（四）为国家安全工作提供便利条件或者其他协助；

（五）向国家安全机关、公安机关和有关军事机关提供必要的支持和协助；

（六）保守所知悉的国家秘密；

（七）法律、行政法规规定的其他义务。

任何个人和组织不得有危害国家安全的行为，不得向危害国家安全的个人或者组织提供任何资助或者协助。

第七十八条 机关、人民团体、企业事业组织和其他社会组织应当对本单位的人员进行维护国家安全的教育，动员、组织本单位的人员防范、制止危害国家安全的行为。

第七十九条 企业事业组织根据国家安全工作的要求,应当配合有关部门采取相关安全措施。

第八十条 公民和组织支持、协助国家安全工作的行为受法律保护。

因支持、协助国家安全工作,本人或者其近亲属的人身安全面临危险的,可以向公安机关、国家安全机关请求予以保护。公安机关、国家安全机关应当会同有关部门依法采取保护措施。

第八十一条 公民和组织因支持、协助国家安全工作导致财产损失的,按照国家有关规定给予补偿;造成人身伤害或者死亡的,按照国家有关规定给予抚恤优待。

第八十二条 公民和组织对国家安全工作有向国家机关提出批评建议的权利,对国家机关及其工作人员在国家安全工作中的违法失职行为有提出申诉、控告和检举的权利。

第八十三条 在国家安全工作中,需要采取限制公民权利和自由的特别措施时,应当依法进行,并以维护国家安全的实际需要为限度。

第七章 附 则

第八十四条 本法自公布之日起施行。

中华人民共和国保守国家秘密法

（1988年9月5日第七届全国人民代表大会常务委员会第三次会议通过 2010年4月29日第十一届全国人民代表大会常务委员会第十四次会议第一次修订 2024年2月27日第十四届全国人民代表大会常务委员会第八次会议第二次修订 2024年2月27日中华人民共和国主席令第20号公布 自2024年5月1日起施行）

目　　录

第一章　总　　则

第二章　国家秘密的范围和密级

第三章　保密制度

第四章　监督管理

第五章　法律责任

第六章　附　　则

第一章 总 则

第一条 为了保守国家秘密,维护国家安全和利益,保障改革开放和社会主义现代化建设事业的顺利进行,根据宪法,制定本法。

第二条 国家秘密是关系国家安全和利益,依照法定程序确定,在一定时间内只限一定范围的人员知悉的事项。

第三条 坚持中国共产党对保守国家秘密(以下简称保密)工作的领导。中央保密工作领导机构领导全国保密工作,研究制定、指导实施国家保密工作战略和重大方针政策,统筹协调国家保密重大事项和重要工作,推进国家保密法治建设。

第四条 保密工作坚持总体国家安全观,遵循党管保密、依法管理,积极防范、突出重点,技管并重、创新发展的原则,既确保国家秘密安全,又便利信息资源合理利用。

法律、行政法规规定公开的事项,应当依法公开。

第五条 国家秘密受法律保护。

一切国家机关和武装力量、各政党和各人民团体、企业事业组织和其他社会组织以及公民都有保密的义务。

任何危害国家秘密安全的行为，都必须受到法律追究。

第六条 国家保密行政管理部门主管全国的保密工作。县级以上地方各级保密行政管理部门主管本行政区域的保密工作。

第七条 国家机关和涉及国家秘密的单位（以下简称机关、单位）管理本机关和本单位的保密工作。

中央国家机关在其职权范围内管理或者指导本系统的保密工作。

第八条 机关、单位应当实行保密工作责任制，依法设置保密工作机构或者指定专人负责保密工作，健全保密管理制度，完善保密防护措施，开展保密宣传教育，加强保密监督检查。

第九条 国家采取多种形式加强保密宣传教育，将保密教育纳入国民教育体系和公务员教育培训体系，鼓励大众传播媒介面向社会进行保密宣传教育，普及保密知识，宣传保密法治，增强全社会的保密意识。

第十条 国家鼓励和支持保密科学技术研究和应用，提升自主创新能力，依法保护保密领域的知识产权。

第十一条 县级以上人民政府应当将保密工作纳入本级国民经济和社会发展规划，所需经费列入本级预算。

机关、单位开展保密工作所需经费应当列入本机关、本单位年度预算或者年度收支计划。

第十二条 国家加强保密人才培养和队伍建设，完善相关激励保障机制。

对在保守、保护国家秘密工作中做出突出贡献的组织和个人，按照国家有关规定给予表彰和奖励。

第二章 国家秘密的范围和密级

第十三条 下列涉及国家安全和利益的事项，泄露后可能损害国家在政治、经济、国防、外交等领域的安全和利益的，应当确定为国家秘密：

（一）国家事务重大决策中的秘密事项；

（二）国防建设和武装力量活动中的秘密事项；

（三）外交和外事活动中的秘密事项以及对外承担保密义务的秘密事项；

（四）国民经济和社会发展中的秘密事项；

（五）科学技术中的秘密事项；

（六）维护国家安全活动和追查刑事犯罪中的秘密

事项；

（七）经国家保密行政管理部门确定的其他秘密事项。

政党的秘密事项中符合前款规定的，属于国家秘密。

第十四条 国家秘密的密级分为绝密、机密、秘密三级。

绝密级国家秘密是最重要的国家秘密，泄露会使国家安全和利益遭受特别严重的损害；机密级国家秘密是重要的国家秘密，泄露会使国家安全和利益遭受严重的损害；秘密级国家秘密是一般的国家秘密，泄露会使国家安全和利益遭受损害。

第十五条 国家秘密及其密级的具体范围（以下简称保密事项范围），由国家保密行政管理部门单独或者会同有关中央国家机关规定。

军事方面的保密事项范围，由中央军事委员会规定。

保密事项范围的确定应当遵循必要、合理原则，科学论证评估，并根据情况变化及时调整。保密事项范围的规定应当在有关范围内公布。

第十六条 机关、单位主要负责人及其指定的人员为定密责任人，负责本机关、本单位的国家秘密确定、变更和解除工作。

机关、单位确定、变更和解除本机关、本单位的国家秘密,应当由承办人提出具体意见,经定密责任人审核批准。

第十七条 确定国家秘密的密级,应当遵守定密权限。

中央国家机关、省级机关及其授权的机关、单位可以确定绝密级、机密级和秘密级国家秘密;设区的市级机关及其授权的机关、单位可以确定机密级和秘密级国家秘密;特殊情况下无法按照上述规定授权定密的,国家保密行政管理部门或者省、自治区、直辖市保密行政管理部门可以授予机关、单位定密权限。具体的定密权限、授权范围由国家保密行政管理部门规定。

下级机关、单位认为本机关、本单位产生的有关定密事项属于上级机关、单位的定密权限,应当先行采取保密措施,并立即报请上级机关、单位确定;没有上级机关、单位的,应当立即提请有相应定密权限的业务主管部门或者保密行政管理部门确定。

公安机关、国家安全机关在其工作范围内按照规定的权限确定国家秘密的密级。

第十八条　机关、单位执行上级确定的国家秘密事项或者办理其他机关、单位确定的国家秘密事项，需要派生定密的，应当根据所执行、办理的国家秘密事项的密级确定。

第十九条　机关、单位对所产生的国家秘密事项，应当按照保密事项范围的规定确定密级，同时确定保密期限和知悉范围；有条件的可以标注密点。

第二十条　国家秘密的保密期限，应当根据事项的性质和特点，按照维护国家安全和利益的需要，限定在必要的期限内；不能确定期限的，应当确定解密的条件。

国家秘密的保密期限，除另有规定外，绝密级不超过三十年，机密级不超过二十年，秘密级不超过十年。

机关、单位应当根据工作需要，确定具体的保密期限、解密时间或者解密条件。

机关、单位对在决定和处理有关事项工作过程中确定需要保密的事项，根据工作需要决定公开的，正式公布时即视为解密。

第二十一条　国家秘密的知悉范围，应当根据工作需要限定在最小范围。

国家秘密的知悉范围能够限定到具体人员的，限定到具体人员；不能限定到具体人员的，限定到机关、单位，由该机关、单位限定到具体人员。

国家秘密的知悉范围以外的人员，因工作需要知悉国家秘密的，应当经过机关、单位主要负责人或者其指定的人员批准。原定密机关、单位对扩大国家秘密的知悉范围有明确规定的，应当遵守其规定。

第二十二条 机关、单位对承载国家秘密的纸介质、光介质、电磁介质等载体（以下简称国家秘密载体）以及属于国家秘密的设备、产品，应当作出国家秘密标志。

涉及国家秘密的电子文件应当按照国家有关规定作出国家秘密标志。

不属于国家秘密的，不得作出国家秘密标志。

第二十三条 国家秘密的密级、保密期限和知悉范围，应当根据情况变化及时变更。国家秘密的密级、保密期限和知悉范围的变更，由原定密机关、单位决定，也可以由其上级机关决定。

国家秘密的密级、保密期限和知悉范围变更的，应当及时书面通知知悉范围内的机关、单位或者人员。

第二十四条 机关、单位应当每年审核所确定的国家秘密。

国家秘密的保密期限已满的,自行解密。在保密期限内因保密事项范围调整不再作为国家秘密,或者公开后不会损害国家安全和利益,不需要继续保密的,应当及时解密;需要延长保密期限的,应当在原保密期限届满前重新确定密级、保密期限和知悉范围。提前解密或者延长保密期限的,由原定密机关、单位决定,也可以由其上级机关决定。

第二十五条　机关、单位对是否属于国家秘密或者属于何种密级不明确或者有争议的,由国家保密行政管理部门或者省、自治区、直辖市保密行政管理部门按照国家保密规定确定。

第三章　保密制度

第二十六条　国家秘密载体的制作、收发、传递、使用、复制、保存、维修和销毁,应当符合国家保密规定。

绝密级国家秘密载体应当在符合国家保密标准的设施、设备中保存,并指定专人管理;未经原定密机关、单位或者其上级机关批准,不得复制和摘抄;收发、传递和外出携带,应当指定人员负责,并采取必要的安全措施。

第二十七条 属于国家秘密的设备、产品的研制、生产、运输、使用、保存、维修和销毁,应当符合国家保密规定。

第二十八条 机关、单位应当加强对国家秘密载体的管理,任何组织和个人不得有下列行为:

(一)非法获取、持有国家秘密载体;

(二)买卖、转送或者私自销毁国家秘密载体;

(三)通过普通邮政、快递等无保密措施的渠道传递国家秘密载体;

(四)寄递、托运国家秘密载体出境;

(五)未经有关主管部门批准,携带、传递国家秘密载体出境;

(六)其他违反国家秘密载体保密规定的行为。

第二十九条 禁止非法复制、记录、存储国家秘密。

禁止未按照国家保密规定和标准采取有效保密措施,在互联网及其他公共信息网络或者有线和无线通信中传递国家秘密。

禁止在私人交往和通信中涉及国家秘密。

第三十条 存储、处理国家秘密的计算机信息系统(以下简称涉密信息系统)按照涉密程度实行分级保护。

涉密信息系统应当按照国家保密规定和标准规划、建设、运行、维护，并配备保密设施、设备。保密设施、设备应当与涉密信息系统同步规划、同步建设、同步运行。

涉密信息系统应当按照规定，经检查合格后，方可投入使用，并定期开展风险评估。

第三十一条 机关、单位应当加强对信息系统、信息设备的保密管理，建设保密自监管设施，及时发现并处置安全保密风险隐患。任何组织和个人不得有下列行为：

（一）未按照国家保密规定和标准采取有效保密措施，将涉密信息系统、涉密信息设备接入互联网及其他公共信息网络；

（二）未按照国家保密规定和标准采取有效保密措施，在涉密信息系统、涉密信息设备与互联网及其他公共信息网络之间进行信息交换；

（三）使用非涉密信息系统、非涉密信息设备存储或者处理国家秘密；

（四）擅自卸载、修改涉密信息系统的安全技术程序、管理程序；

（五）将未经安全技术处理的退出使用的涉密信息设备赠送、出售、丢弃或者改作其他用途；

（六）其他违反信息系统、信息设备保密规定的行为。

第三十二条　用于保护国家秘密的安全保密产品和保密技术装备应当符合国家保密规定和标准。

国家建立安全保密产品和保密技术装备抽检、复检制度，由国家保密行政管理部门设立或者授权的机构进行检测。

第三十三条　报刊、图书、音像制品、电子出版物的编辑、出版、印制、发行，广播节目、电视节目、电影的制作和播放，网络信息的制作、复制、发布、传播，应当遵守国家保密规定。

第三十四条　网络运营者应当加强对其用户发布的信息的管理，配合监察机关、保密行政管理部门、公安机关、国家安全机关对涉嫌泄露国家秘密案件进行调查处理；发现利用互联网及其他公共信息网络发布的信息涉嫌泄露国家秘密的，应当立即停止传输该信息，保存有关记录，向保密行政管理部门或者公安机关、国家安全机关报告；应当根据保密行政管理部门或者公安机关、国家安全机关的要求，删除涉及泄露国家秘密的信息，并对有关设备进行技术处理。

第三十五条 机关、单位应当依法对拟公开的信息进行保密审查，遵守国家保密规定。

第三十六条 开展涉及国家秘密的数据处理活动及其安全监管应当符合国家保密规定。

国家保密行政管理部门和省、自治区、直辖市保密行政管理部门会同有关主管部门建立安全保密防控机制，采取安全保密防控措施，防范数据汇聚、关联引发的泄密风险。

机关、单位应当对汇聚、关联后属于国家秘密事项的数据依法加强安全管理。

第三十七条 机关、单位向境外或者向境外在中国境内设立的组织、机构提供国家秘密，任用、聘用的境外人员因工作需要知悉国家秘密的，按照国家有关规定办理。

第三十八条 举办会议或者其他活动涉及国家秘密的，主办单位应当采取保密措施，并对参加人员进行保密教育，提出具体保密要求。

第三十九条 机关、单位应当将涉及绝密级或者较多机密级、秘密级国家秘密的机构确定为保密要害部门，将集中制作、存放、保管国家秘密载体的专门场所确定为保密要害部位，按照国家保密规定和标准配备、使用必要的技术防护设施、设备。

第四十条 军事禁区、军事管理区和属于国家秘密不对外开放的其他场所、部位，应当采取保密措施，未经有关部门批准，不得擅自决定对外开放或者扩大开放范围。

涉密军事设施及其他重要涉密单位周边区域应当按照国家保密规定加强保密管理。

第四十一条 从事涉及国家秘密业务的企业事业单位，应当具备相应的保密管理能力，遵守国家保密规定。

从事国家秘密载体制作、复制、维修、销毁，涉密信息系统集成，武器装备科研生产，或者涉密军事设施建设等涉及国家秘密业务的企业事业单位，应当经过审查批准，取得保密资质。

第四十二条 采购涉及国家秘密的货物、服务的机关、单位，直接涉及国家秘密的工程建设、设计、施工、监理等单位，应当遵守国家保密规定。

机关、单位委托企业事业单位从事涉及国家秘密的业务，应当与其签订保密协议，提出保密要求，采取保密措施。

第四十三条　在涉密岗位工作的人员（以下简称涉密人员），按照涉密程度分为核心涉密人员、重要涉密人员和一般涉密人员，实行分类管理。

任用、聘用涉密人员应当按照国家有关规定进行审查。

涉密人员应当具有良好的政治素质和品行，经过保密教育培训，具备胜任涉密岗位的工作能力和保密知识技能，签订保密承诺书，严格遵守国家保密规定，承担保密责任。

涉密人员的合法权益受法律保护。对因保密原因合法权益受到影响和限制的涉密人员，按照国家有关规定给予相应待遇或者补偿。

第四十四条　机关、单位应当建立健全涉密人员管理制度，明确涉密人员的权利、岗位责任和要求，对涉密人员履行职责情况开展经常性的监督检查。

第四十五条　涉密人员出境应当经有关部门批准，有关机关认为涉密人员出境将对国家安全造成危害或者对国家利益造成重大损失的，不得批准出境。

第四十六条　涉密人员离岗离职应当遵守国家保密规定。机关、单位应当开展保密教育提醒，清退国家秘密载体，实行脱密期管理。涉密人员在脱密期内，不得违反规定就业和出境，不得以任何方式泄露国家秘密；脱密期结束后，应当遵守国家保密规定，对知悉的国家秘密继续履行保密义务。涉密人员严重违反离岗离职及脱密期国家保密规定的，机关、单位应当及时报告同级保密行政管理部门，由保密行政管理部门会同有关部门依法采取处置措施。

第四十七条　国家工作人员或者其他公民发现国家秘密已经泄露或者可能泄露时，应当立即采取补救措施并及时报告有关机关、单位。机关、单位接到报告后，应当立即作出处理，并及时向保密行政管理部门报告。

第四章　监督管理

第四十八条　国家保密行政管理部门依照法律、行政法规的规定，制定保密规章和国家保密标准。

第四十九条　保密行政管理部门依法组织开展保密宣传教育、保密检查、保密技术防护、保密违法案件调查处理工作，对保密工作进行指导和监督管理。

第五十条 保密行政管理部门发现国家秘密确定、变更或者解除不当的,应当及时通知有关机关、单位予以纠正。

第五十一条 保密行政管理部门依法对机关、单位遵守保密法律法规和相关制度的情况进行检查;涉嫌保密违法的,应当及时调查处理或者组织、督促有关机关、单位调查处理;涉嫌犯罪的,应当依法移送监察机关、司法机关处理。

对严重违反国家保密规定的涉密人员,保密行政管理部门应当建议有关机关、单位将其调离涉密岗位。

有关机关、单位和个人应当配合保密行政管理部门依法履行职责。

第五十二条 保密行政管理部门在保密检查和案件调查处理中,可以依法查阅有关材料、询问人员、记录情况,先行登记保存有关设施、设备、文件资料等;必要时,可以进行保密技术检测。

保密行政管理部门对保密检查和案件调查处理中发现的非法获取、持有的国家秘密载体,应当予以收缴;发现存在泄露国家秘密隐患的,应当要求采取措施,限期整改;对存在泄露国家秘密隐患的设施、设备、场所,应当责令停止使用。

第五十三条 办理涉嫌泄露国家秘密案件的机关，需要对有关事项是否属于国家秘密、属于何种密级进行鉴定的，由国家保密行政管理部门或者省、自治区、直辖市保密行政管理部门鉴定。

第五十四条 机关、单位对违反国家保密规定的人员不依法给予处分的，保密行政管理部门应当建议纠正；对拒不纠正的，提请其上一级机关或者监察机关对该机关、单位负有责任的领导人员和直接责任人员依法予以处理。

第五十五条 设区的市级以上保密行政管理部门建立保密风险评估机制、监测预警制度、应急处置制度，会同有关部门开展信息收集、分析、通报工作。

第五十六条 保密协会等行业组织依照法律、行政法规的规定开展活动，推动行业自律，促进行业健康发展。

第五章 法 律 责 任

第五十七条 违反本法规定，有下列情形之一，根据情节轻重，依法给予处分；有违法所得的，没收违法所得：

（一）非法获取、持有国家秘密载体的；

（二）买卖、转送或者私自销毁国家秘密载体的；

（三）通过普通邮政、快递等无保密措施的渠道传递国家秘密载体的；

（四）寄递、托运国家秘密载体出境，或者未经有关主管部门批准，携带、传递国家秘密载体出境的；

（五）非法复制、记录、存储国家秘密的；

（六）在私人交往和通信中涉及国家秘密的；

（七）未按照国家保密规定和标准采取有效保密措施，在互联网及其他公共信息网络或者有线和无线通信中传递国家秘密的；

（八）未按照国家保密规定和标准采取有效保密措施，将涉密信息系统、涉密信息设备接入互联网及其他公共信息网络的；

（九）未按照国家保密规定和标准采取有效保密措施，在涉密信息系统、涉密信息设备与互联网及其他公共信息网络之间进行信息交换的；

（十）使用非涉密信息系统、非涉密信息设备存储、处理国家秘密的；

（十一）擅自卸载、修改涉密信息系统的安全技术程序、管理程序的；

（十二）将未经安全技术处理的退出使用的涉密信息设备赠送、出售、丢弃或者改作其他用途的；

（十三）其他违反本法规定的情形。

有前款情形尚不构成犯罪，且不适用处分的人员，由保密行政管理部门督促其所在机关、单位予以处理。

第五十八条 机关、单位违反本法规定，发生重大泄露国家秘密案件的，依法对直接负责的主管人员和其他直接责任人员给予处分。不适用处分的人员，由保密行政管理部门督促其主管部门予以处理。

机关、单位违反本法规定，对应当定密的事项不定密，对不应当定密的事项定密，或者未履行解密审核责任，造成严重后果的，依法对直接负责的主管人员和其他直接责任人员给予处分。

第五十九条 网络运营者违反本法第三十四条规定的，由公安机关、国家安全机关、电信主管部门、保密行政管理部门按照各自职责分工依法予以处罚。

第六十条 取得保密资质的企业事业单位违反国家保密规定的，由保密行政管理部门责令限期整改，给予警告或者通报批评；有违法所得的，没收违法所得；情节严重的，暂停涉密业务、降低资质等级；情节特别严重的，吊销保密资质。

未取得保密资质的企业事业单位违法从事本法第四十一条第二款规定的涉密业务的，由保密行政管理部门责令停止涉密业务，给予警告或者通报批评；有违法所得的，没收违法所得。

第六十一条　保密行政管理部门的工作人员在履行保密管理职责中滥用职权、玩忽职守、徇私舞弊的，依法给予处分。

第六十二条　违反本法规定，构成犯罪的，依法追究刑事责任。

第六章　附　　则

第六十三条　中国人民解放军和中国人民武装警察部队开展保密工作的具体规定，由中央军事委员会根据本法制定。

第六十四条　机关、单位对履行职能过程中产生或者获取的不属于国家秘密但泄露后会造成一定不利影响的事项，适用工作秘密管理办法采取必要的保护措施。工作秘密管理办法另行规定。

第六十五条　本法自 2024 年 5 月 1 日起施行。

中华人民共和国网络安全法

(2016年11月7日第十二届全国人民代表大会常务委员会第二十四次会议通过 2016年11月7日中华人民共和国主席令第53号公布 自2017年6月1日起施行)

目　录

第一章　总　　则

第二章　网络安全支持与促进

第三章　网络运行安全

　第一节　一般规定

　第二节　关键信息基础设施的运行安全

第四章　网络信息安全

第五章　监测预警与应急处置

第六章　法律责任

第七章　附　　则

第一章 总　　则

第一条 为了保障网络安全,维护网络空间主权和国家安全、社会公共利益,保护公民、法人和其他组织的合法权益,促进经济社会信息化健康发展,制定本法。

第二条 在中华人民共和国境内建设、运营、维护和使用网络,以及网络安全的监督管理,适用本法。

第三条 国家坚持网络安全与信息化发展并重,遵循积极利用、科学发展、依法管理、确保安全的方针,推进网络基础设施建设和互联互通,鼓励网络技术创新和应用,支持培养网络安全人才,建立健全网络安全保障体系,提高网络安全保护能力。

第四条 国家制定并不断完善网络安全战略,明确保障网络安全的基本要求和主要目标,提出重点领域的网络安全政策、工作任务和措施。

第五条 国家采取措施,监测、防御、处置来源于中华人民共和国境内外的网络安全风险和威胁,保护关键信息基础设施免受攻击、侵入、干扰和破坏,依法惩治网络违法犯罪活动,维护网络空间安全和秩序。

第六条 国家倡导诚实守信、健康文明的网络行为,推动传播社会主义核心价值观,采取措施提高全社会的网络安全意识和水平,形成全社会共同参与促进网络安全的良好环境。

第七条 国家积极开展网络空间治理、网络技术研发和标准制定、打击网络违法犯罪等方面的国际交流与合作,推动构建和平、安全、开放、合作的网络空间,建立多边、民主、透明的网络治理体系。

第八条 国家网信部门负责统筹协调网络安全工作和相关监督管理工作。国务院电信主管部门、公安部门和其他有关机关依照本法和有关法律、行政法规的规定,在各自职责范围内负责网络安全保护和监督管理工作。

县级以上地方人民政府有关部门的网络安全保护和监督管理职责,按照国家有关规定确定。

第九条 网络运营者开展经营和服务活动,必须遵守法律、行政法规,尊重社会公德,遵守商业道德,诚实信用,履行网络安全保护义务,接受政府和社会的监督,承担社会责任。

第十条 建设、运营网络或者通过网络提供服务,应当依照法律、行政法规的规定和国家标准的强制性要求,采取技术措施和其他必要措施,保障网络安全、稳定运行,有效应对网络安全事件,防范网络违法犯罪活动，维护网络数据的完整性、保密性和可用性。

第十一条 网络相关行业组织按照章程，加强行业自律，制定网络安全行为规范，指导会员加强网络安全保护，提高网络安全保护水平，促进行业健康发展。

第十二条 国家保护公民、法人和其他组织依法使用网络的权利，促进网络接入普及，提升网络服务水平，为社会提供安全、便利的网络服务，保障网络信息依法有序自由流动。

任何个人和组织使用网络应当遵守宪法法律，遵守公共秩序，尊重社会公德，不得危害网络安全，不得利用网络从事危害国家安全、荣誉和利益，煽动颠覆国家政权、推翻社会主义制度，煽动分裂国家、破坏国家统一，宣扬恐怖主义、极端主义，宣扬民族仇恨、民族歧视，传播暴力、淫秽色情信息，编造、传播虚假信息扰乱经济秩序和社会秩序，以及侵害他人名誉、隐私、知识产权和其他合法权益等活动。

第十三条 国家支持研究开发有利于未成年人健康成长的网络产品和服务，依法惩治利用网络从事危害未成年人身心健康的活动，为未成年人提供安全、健康的网络环境。

第十四条 任何个人和组织有权对危害网络安全的行为向网信、电信、公安等部门举报。收到举报的部门应当及时依法作出处理；不属于本部门职责的，应当及时移送有权处理的部门。

有关部门应当对举报人的相关信息予以保密，保护举报人的合法权益。

第二章 网络安全支持与促进

第十五条 国家建立和完善网络安全标准体系。国务院标准化行政主管部门和国务院其他有关部门根据各自的职责，组织制定并适时修订有关网络安全管理以及网络产品、服务和运行安全的国家标准、行业标准。

国家支持企业、研究机构、高等学校、网络相关行业组织参与网络安全国家标准、行业标准的制定。

第十六条 国务院和省、自治区、直辖市人民政府应当统筹规划，加大投入，扶持重点网络安全技术产业和项目，支持网络安全技术的研究开发和应用，推广安全可信的网络产品和服务，保护网络技术知识产权，支持企业、研究机构和高等学校等参与国家网络安全技术创新项目。

第十七条　国家推进网络安全社会化服务体系建设，鼓励有关企业、机构开展网络安全认证、检测和风险评估等安全服务。

第十八条　国家鼓励开发网络数据安全保护和利用技术，促进公共数据资源开放，推动技术创新和经济社会发展。

国家支持创新网络安全管理方式，运用网络新技术，提升网络安全保护水平。

第十九条　各级人民政府及其有关部门应当组织开展经常性的网络安全宣传教育，并指导、督促有关单位做好网络安全宣传教育工作。

大众传播媒介应当有针对性地面向社会进行网络安全宣传教育。

第二十条　国家支持企业和高等学校、职业学校等教育培训机构开展网络安全相关教育与培训，采取多种方式培养网络安全人才，促进网络安全人才交流。

第三章　网络运行安全

第一节　一般规定

第二十一条　国家实行网络安全等级保护制度。网络运营者应当按照网络安全等级保护制度的要求，履行下列安全保护义务，保障网络免受干扰、破坏或者未经授权的访问，防止网络数据泄露或者被窃取、篡改：

（一）制定内部安全管理制度和操作规程，确定网络安全负责人，落实网络安全保护责任；

（二）采取防范计算机病毒和网络攻击、网络侵入等危害网络安全行为的技术措施；

（三）采取监测、记录网络运行状态、网络安全事件的技术措施，并按照规定留存相关的网络日志不少于六个月；

（四）采取数据分类、重要数据备份和加密等措施；

（五）法律、行政法规规定的其他义务。

第二十二条 网络产品、服务应当符合相关国家标准的强制性要求。网络产品、服务的提供者不得设置恶意程序；发现其网络产品、服务存在安全缺陷、漏洞等风险时，应当立即采取补救措施，按照规定及时告知用户并向有关主管部门报告。

网络产品、服务的提供者应当为其产品、服务持续提供安全维护；在规定或者当事人约定的期限内，不得终止提供安全维护。

网络产品、服务具有收集用户信息功能的，其提供者应当向用户明示并取得同意；涉及用户个人信息的，还应当遵守本法和有关法律、行政法规关于个人信息保护的规定。

第二十三条 网络关键设备和网络安全专用产品应当按照相关国家标准的强制性要求，由具备资格的机构安全认证合格或者安全检测符合要求后，方可销售或者提供。国家网信部门会同国务院有关部门制定、公布网络关键设备和网络安全专用产品目录，并推动安全认证和安全检测结果互认，避免重复认证、检测。

第二十四条 网络运营者为用户办理网络接入、域名注册服务，办理固定电话、移动电话等入网手续，或者为用户提供信息发布、即时通讯等服务，在与用户签订协议或者确认提供服务时，应当要求用户提供真实身份信息。用户不提供真实身份信息的，网络运营者不得为其提供相关服务。

国家实施网络可信身份战略，支持研究开发安全、方便的电子身份认证技术，推动不同电子身份认证之间的互认。

第二十五条 网络运营者应当制定网络安全事件应

急预案，及时处置系统漏洞、计算机病毒、网络攻击、网络侵入等安全风险；在发生危害网络安全的事件时，立即启动应急预案，采取相应的补救措施，并按照规定向有关主管部门报告。

第二十六条 开展网络安全认证、检测、风险评估等活动，向社会发布系统漏洞、计算机病毒、网络攻击、网络侵入等网络安全信息，应当遵守国家有关规定。

第二十七条 任何个人和组织不得从事非法侵入他人网络、干扰他人网络正常功能、窃取网络数据等危害网络安全的活动；不得提供专门用于从事侵入网络、干扰网络正常功能及防护措施、窃取网络数据等危害网络安全活动的程序、工具；明知他人从事危害网络安全的活动的，不得为其提供技术支持、广告推广、支付结算等帮助。

第二十八条 网络运营者应当为公安机关、国家安全机关依法维护国家安全和侦查犯罪的活动提供技术支持和协助。

第二十九条 国家支持网络运营者之间在网络安全信息收集、分析、通报和应急处置等方面进行合作，提高网络运营者的安全保障能力。

有关行业组织建立健全本行业的网络安全保护规范和协作机制，加强对网络安全风险的分析评估，定期向会员进行风险警示，支持、协助会员应对网络安全风险。

第三十条　网信部门和有关部门在履行网络安全保护职责中获取的信息，只能用于维护网络安全的需要，不得用于其他用途。

第二节　关键信息基础设施的运行安全

第三十一条　国家对公共通信和信息服务、能源、交通、水利、金融、公共服务、电子政务等重要行业和领域，以及其他一旦遭到破坏、丧失功能或者数据泄露，可能严重危害国家安全、国计民生、公共利益的关键信息基础设施，在网络安全等级保护制度的基础上，实行重点保护。关键信息基础设施的具体范围和安全保护办法由国务院制定。

国家鼓励关键信息基础设施以外的网络运营者自愿参与关键信息基础设施保护体系。

第三十二条　按照国务院规定的职责分工，负责关键信息基础设施安全保护工作的部门分别编制并组织实施本行业、本领域的关键信息基础设施安全规划，指导和监督关键信息基础设施运行安全保护工作。

第三十三条　建设关键信息基础设施应当确保其具有支持业务稳定、持续运行的性能,并保证安全技术措施同步规划、同步建设、同步使用。

第三十四条　除本法第二十一条的规定外,关键信息基础设施的运营者还应当履行下列安全保护义务:

(一)设置专门安全管理机构和安全管理负责人,并对该负责人和关键岗位的人员进行安全背景审查;

(二)定期对从业人员进行网络安全教育、技术培训和技能考核;

(三)对重要系统和数据库进行容灾备份;

(四)制定网络安全事件应急预案,并定期进行演练;

(五)法律、行政法规规定的其他义务。

第三十五条　关键信息基础设施的运营者采购网络产品和服务,可能影响国家安全的,应当通过国家网信部门会同国务院有关部门组织的国家安全审查。

第三十六条　关键信息基础设施的运营者采购网络产品和服务,应当按照规定与提供者签订安全保密协议,明确安全和保密义务与责任。

第三十七条　关键信息基础设施的运营者在中华人民共和国境内运营中收集和产生的个人信息和重要数据应当在境内存储。因业务需要，确需向境外提供的，应当按照国家网信部门会同国务院有关部门制定的办法进行安全评估；法律、行政法规另有规定的，依照其规定。

第三十八条　关键信息基础设施的运营者应当自行或者委托网络安全服务机构对其网络的安全性和可能存在的风险每年至少进行一次检测评估，并将检测评估情况和改进措施报送相关负责关键信息基础设施安全保护工作的部门。

第三十九条　国家网信部门应当统筹协调有关部门对关键信息基础设施的安全保护采取下列措施：

（一）对关键信息基础设施的安全风险进行抽查检测，提出改进措施，必要时可以委托网络安全服务机构对网络存在的安全风险进行检测评估；

（二）定期组织关键信息基础设施的运营者进行网络安全应急演练，提高应对网络安全事件的水平和协同配合能力；

（三）促进有关部门、关键信息基础设施的运营者以及有关研究机构、网络安全服务机构等之间的网络安全信息共享；

（四）对网络安全事件的应急处置与网络功能的恢复等，提供技术支持和协助。

第四章　网络信息安全

第四十条　网络运营者应当对其收集的用户信息严格保密，并建立健全用户信息保护制度。

第四十一条　网络运营者收集、使用个人信息，应当遵循合法、正当、必要的原则，公开收集、使用规则，明示收集、使用信息的目的、方式和范围，并经被收集者同意。

网络运营者不得收集与其提供的服务无关的个人信息，不得违反法律、行政法规的规定和双方的约定收集、使用个人信息，并应当依照法律、行政法规的规定和与用户的约定，处理其保存的个人信息。

第四十二条　网络运营者不得泄露、篡改、毁损其收集的个人信息；未经被收集者同意，不得向他人提供个人信息。但是，经过处理无法识别特定个人且不能复原的除外。

网络运营者应当采取技术措施和其他必要措施，确保其收集的个人信息安全，防止信息泄露、毁损、丢失。在发生或者可能发生个人信息泄露、毁损、丢失的情况时，应当立即采取补救措施，按照规定及时告知用户并向有关主管部门报告。

第四十三条　个人发现网络运营者违反法律、行政法规的规定或者双方的约定收集、使用其个人信息的，有权要求网络运营者删除其个人信息；发现网络运营者收集、存储的其个人信息有错误的，有权要求网络运营者予以更正。网络运营者应当采取措施予以删除或者更正。

第四十四条　任何个人和组织不得窃取或者以其他非法方式获取个人信息，不得非法出售或者非法向他人提供个人信息。

第四十五条　依法负有网络安全监督管理职责的部门及其工作人员，必须对在履行职责中知悉的个人信息、隐私和商业秘密严格保密，不得泄露、出售或者非法向他人提供。

第四十六条　任何个人和组织应当对其使用网络的行为负责，不得设立用于实施诈骗，传授犯罪方法，制作或者销售违禁物品、管制物品等违法犯罪活动的网站、通讯群组，不得利用网络发布涉及实施诈骗、制作或者销售违禁物品、管制物品以及其他违法犯罪活动的信息。

第四十七条 网络运营者应当加强对其用户发布的信息的管理，发现法律、行政法规禁止发布或者传输的信息的，应当立即停止传输该信息，采取消除等处置措施，防止信息扩散，保存有关记录，并向有关主管部门报告。

第四十八条 任何个人和组织发送的电子信息、提供的应用软件，不得设置恶意程序，不得含有法律、行政法规禁止发布或者传输的信息。

电子信息发送服务提供者和应用软件下载服务提供者，应当履行安全管理义务，知道其用户有前款规定行为的，应当停止提供服务，采取消除等处置措施，保存有关记录，并向有关主管部门报告。

第四十九条 网络运营者应当建立网络信息安全投诉、举报制度，公布投诉、举报方式等信息，及时受理并处理有关网络信息安全的投诉和举报。

网络运营者对网信部门和有关部门依法实施的监督检查，应当予以配合。

第五十条 国家网信部门和有关部门依法履行网络

信息安全监督管理职责,发现法律、行政法规禁止发布或者传输的信息的,应当要求网络运营者停止传输,采取消除等处置措施,保存有关记录;对来源于中华人民共和国境外的上述信息,应当通知有关机构采取技术措施和其他必要措施阻断传播。

第五章 监测预警与应急处置

第五十一条 国家建立网络安全监测预警和信息通报制度。国家网信部门应当统筹协调有关部门加强网络安全信息收集、分析和通报工作,按照规定统一发布网络安全监测预警信息。

第五十二条 负责关键信息基础设施安全保护工作的部门,应当建立健全本行业、本领域的网络安全监测预警和信息通报制度,并按照规定报送网络安全监测预警信息。

第五十三条 国家网信部门协调有关部门建立健全网络安全风险评估和应急工作机制,制定网络安全事件应急预案,并定期组织演练。

负责关键信息基础设施安全保护工作的部门应当制定本行业、本领域的网络安全事件应急预案,并定期组织演练。

网络安全事件应急预案应当按照事件发生后的危害程度、影响范围等因素对网络安全事件进行分级，并规定相应的应急处置措施。

第五十四条 网络安全事件发生的风险增大时，省级以上人民政府有关部门应当按照规定的权限和程序，并根据网络安全风险的特点和可能造成的危害，采取下列措施：

（一）要求有关部门、机构和人员及时收集、报告有关信息，加强对网络安全风险的监测；

（二）组织有关部门、机构和专业人员，对网络安全风险信息进行分析评估，预测事件发生的可能性、影响范围和危害程度；

（三）向社会发布网络安全风险预警，发布避免、减轻危害的措施。

第五十五条 发生网络安全事件，应当立即启动网络安全事件应急预案，对网络安全事件进行调查和评估，要求网络运营者采取技术措施和其他必要措施，消除安全隐患，防止危害扩大，并及时向社会发布与公众有关的警示信息。

第五十六条 省级以上人民政府有关部门在履行网络安全监督管理职责中,发现网络存在较大安全风险或者发生安全事件的,可以按照规定的权限和程序对该网络的运营者的法定代表人或者主要负责人进行约谈。网络运营者应当按照要求采取措施,进行整改,消除隐患。

第五十七条 因网络安全事件,发生突发事件或者生产安全事故的,应当依照《中华人民共和国突发事件应对法》、《中华人民共和国安全生产法》等有关法律、行政法规的规定处置。

第五十八条 因维护国家安全和社会公共秩序,处置重大突发社会安全事件的需要,经国务院决定或者批准,可以在特定区域对网络通信采取限制等临时措施。

第六章 法律责任

第五十九条 网络运营者不履行本法第二十一条、第二十五条规定的网络安全保护义务的,由有关主管部门责令改正,给予警告;拒不改正或者导致危害网络安全等后果的,处一万元以上十万元以下罚款,对直接负责的主管人员处五千元以上五万元以下罚款。

关键信息基础设施的运营者不履行本法第三十三条、

第三十四条、第三十六条、第三十八条规定的网络安全保护义务的，由有关主管部门责令改正，给予警告；拒不改正或者导致危害网络安全等后果的，处十万元以上一百万元以下罚款，对直接负责的主管人员处一万元以上十万元以下罚款。

第六十条 违反本法第二十二条第一款、第二款和第四十八条第一款规定，有下列行为之一的，由有关主管部门责令改正，给予警告；拒不改正或者导致危害网络安全等后果的，处五万元以上五十万元以下罚款，对直接负责的主管人员处一万元以上十万元以下罚款：

（一）设置恶意程序的；

（二）对其产品、服务存在的安全缺陷、漏洞等风险未立即采取补救措施，或者未按照规定及时告知用户并向有关主管部门报告的；

（三）擅自终止为其产品、服务提供安全维护的。

第六十一条 网络运营者违反本法第二十四条第一款规定，未要求用户提供真实身份信息，或者对不提供真实身份信息的用户提供相关服务的，由有关主管部门责令改正；拒不改正或者情节严重的，处五万元以上五十万元以下罚款，并可以由有关主管部门责令暂停相关业务、停业整顿、关闭网站、吊销相关业务许可证或者吊销营业执照，对直接负责的主管人员和其他直接责任人员处一万元以上十万元以下罚款。

第六十二条 违反本法第二十六条规定，开展网络安全认证、检测、风险评估等活动，或者向社会发布系统漏洞、计算机病毒、网络攻击、网络侵入等网络安全信息的，由有关主管部门责令改正，给予警告；拒不改正或者情节严重的，处一万元以上十万元以下罚款，并可以由有关主管部门责令暂停相关业务、停业整顿、关闭网站、吊销相关业务许可证或者吊销营业执照，对直接负责的主管人员和其他直接责任人员处五千元以上五万元以下罚款。

第六十三条 违反本法第二十七条规定，从事危害网络安全的活动，或者提供专门用于从事危害网络安全活动的程序、工具，或者为他人从事危害网络安全的活动提供技术支持、广告推广、支付结算等帮助，尚不构成犯罪的，由公安机关没收违法所得，处五日以下拘留，可以并处五万元以上五十万元以下罚款；情节较重的，处五日以上十五日以下拘留，可以并处十万元以上一百万元以下罚款。

单位有前款行为的,由公安机关没收违法所得,处十万元以上一百万元以下罚款,并对直接负责的主管人员和其他直接责任人员依照前款规定处罚。

违反本法第二十七条规定,受到治安管理处罚的人员,五年内不得从事网络安全管理和网络运营关键岗位的工作;受到刑事处罚的人员,终身不得从事网络安全管理和网络运营关键岗位的工作。

第六十四条 网络运营者、网络产品或者服务的提供者违反本法第二十二条第三款、第四十一条至第四十三条规定,侵害个人信息依法得到保护的权利的,由有关主管部门责令改正,可以根据情节单处或者并处警告、没收违法所得、处违法所得一倍以上十倍以下罚款,没有违法所得的,处一百万元以下罚款,对直接负责的主管人员和其他直接责任人员处一万元以上十万元以下罚款;情节严重的,并可以责令暂停相关业务、停业整顿、关闭网站、吊销相关业务许可证或者吊销营业执照。

违反本法第四十四条规定,窃取或者以其他非法方式获取、非法出售或者非法向他人提供个人信息,尚不构成犯罪的,由公安机关没收违法所得,并处违法所得一倍以上十倍以下罚款,没有违法所得的,处一百万元以下罚款。

第六十五条 关键信息基础设施的运营者违反本法第三十五条规定，使用未经安全审查或者安全审查未通过的网络产品或者服务的，由有关主管部门责令停止使用，处采购金额一倍以上十倍以下罚款；对直接负责的主管人员和其他直接责任人员处一万元以上十万元以下罚款。

第六十六条 关键信息基础设施的运营者违反本法第三十七条规定，在境外存储网络数据，或者向境外提供网络数据的，由有关主管部门责令改正，给予警告，没收违法所得，处五万元以上五十万元以下罚款，并可以责令暂停相关业务、停业整顿、关闭网站、吊销相关业务许可证或者吊销营业执照；对直接负责的主管人员和其他直接责任人员处一万元以上十万元以下罚款。

第六十七条 违反本法第四十六条规定，设立用于实施违法犯罪活动的网站、通讯群组，或者利用网络发布涉及实施违法犯罪活动的信息，尚不构成犯罪的，由公安机关处五日以下拘留，可以并处一万元以上十万元以下罚款；情节较重的，处五日以上十五日以下拘留，可以并处五万元以上五十万元以下罚款。关闭用于实施违法犯罪活动的网站、通讯群组。

单位有前款行为的,由公安机关处十万元以上五十万元以下罚款,并对直接负责的主管人员和其他直接责任人员依照前款规定处罚。

第六十八条 网络运营者违反本法第四十七条规定,对法律、行政法规禁止发布或者传输的信息未停止传输、采取消除等处置措施、保存有关记录的,由有关主管部门责令改正,给予警告,没收违法所得;拒不改正或者情节严重的,处十万元以上五十万元以下罚款,并可以责令暂停相关业务、停业整顿、关闭网站、吊销相关业务许可证或者吊销营业执照,对直接负责的主管人员和其他直接责任人员处一万元以上十万元以下罚款。

电子信息发送服务提供者、应用软件下载服务提供者,不履行本法第四十八条第二款规定的安全管理义务的,依照前款规定处罚。

第六十九条 网络运营者违反本法规定,有下列行为之一的,由有关主管部门责令改正;拒不改正或者情节严重的,处五万元以上五十万元以下罚款,对直接负责的主管人员和其他直接责任人员,处一万元以上十万元以下罚款:

（一）不按照有关部门的要求对法律、行政法规禁止发布或者传输的信息，采取停止传输、消除等处置措施的；

（二）拒绝、阻碍有关部门依法实施的监督检查的；

（三）拒不向公安机关、国家安全机关提供技术支持和协助的。

第七十条　发布或者传输本法第十二条第二款和其他法律、行政法规禁止发布或者传输的信息的，依照有关法律、行政法规的规定处罚。

第七十一条　有本法规定的违法行为的，依照有关法律、行政法规的规定记入信用档案，并予以公示。

第七十二条　国家机关政务网络的运营者不履行本法规定的网络安全保护义务的，由其上级机关或者有关机关责令改正；对直接负责的主管人员和其他直接责任人员依法给予处分。

第七十三条　网信部门和有关部门违反本法第三十条规定，将在履行网络安全保护职责中获取的信息用于其他用途的，对直接负责的主管人员和其他直接责任人员依法给予处分。

网信部门和有关部门的工作人员玩忽职守、滥用职权、徇私舞弊,尚不构成犯罪的,依法给予处分。

第七十四条 违反本法规定,给他人造成损害的,依法承担民事责任。

违反本法规定,构成违反治安管理行为的,依法给予治安管理处罚;构成犯罪的,依法追究刑事责任。

第七十五条 境外的机构、组织、个人从事攻击、侵入、干扰、破坏等危害中华人民共和国的关键信息基础设施的活动,造成严重后果的,依法追究法律责任;国务院公安部门和有关部门并可以决定对该机构、组织、个人采取冻结财产或者其他必要的制裁措施。

第七章 附 则

第七十六条 本法下列用语的含义:

(一)网络,是指由计算机或者其他信息终端及相关设备组成的按照一定的规则和程序对信息进行收集、存储、传输、交换、处理的系统。

(二)网络安全,是指通过采取必要措施,防范对网络的攻击、侵入、干扰、破坏和非法使用以及意外事故,使网络处于稳定可靠运行的状态,以及保障网络数据的完整性、保密性、可用性的能力。

（三）网络运营者，是指网络的所有者、管理者和网络服务提供者。

（四）网络数据，是指通过网络收集、存储、传输、处理和产生的各种电子数据。

（五）个人信息，是指以电子或者其他方式记录的能够单独或者与其他信息结合识别自然人个人身份的各种信息，包括但不限于自然人的姓名、出生日期、身份证件号码、个人生物识别信息、住址、电话号码等。

第七十七条　存储、处理涉及国家秘密信息的网络的运行安全保护，除应当遵守本法外，还应当遵守保密法律、行政法规的规定。

第七十八条　军事网络的安全保护，由中央军事委员会另行规定。

第七十九条　本法自 2017 年 6 月 1 日起施行。

中华人民共和国数据安全法

（2021年6月10日第十三届全国人民代表大会常务委员会第二十九次会议通过　2021年6月10日中华人民共和国主席令第84号公布　自2021年9月1日起施行）

目　录

第一章　总　　则

第二章　数据安全与发展

第三章　数据安全制度

第四章　数据安全保护义务

第五章　政务数据安全与开放

第六章　法律责任

第七章　附　　则

第一章　总　则

第一条　为了规范数据处理活动，保障数据安全，促进数据开发利用，保护个人、组织的合法权益，维护国家主权、安全和发展利益，制定本法。

第二条 在中华人民共和国境内开展数据处理活动及其安全监管，适用本法。

在中华人民共和国境外开展数据处理活动，损害中华人民共和国国家安全、公共利益或者公民、组织合法权益的，依法追究法律责任。

第三条 本法所称数据，是指任何以电子或者其他方式对信息的记录。

数据处理，包括数据的收集、存储、使用、加工、传输、提供、公开等。

数据安全，是指通过采取必要措施，确保数据处于有效保护和合法利用的状态，以及具备保障持续安全状态的能力。

第四条 维护数据安全，应当坚持总体国家安全观，建立健全数据安全治理体系，提高数据安全保障能力。

第五条 中央国家安全领导机构负责国家数据安全工作的决策和议事协调，研究制定、指导实施国家数据安全战略和有关重大方针政策，统筹协调国家数据安全的重大事项和重要工作，建立国家数据安全工作协调机制。

第六条 各地区、各部门对本地区、本部门工作中收集和产生的数据及数据安全负责。

工业、电信、交通、金融、自然资源、卫生健康、教育、科技等主管部门承担本行业、本领域数据安全监管职责。

公安机关、国家安全机关等依照本法和有关法律、行政法规的规定，在各自职责范围内承担数据安全监管职责。

国家网信部门依照本法和有关法律、行政法规的规定，负责统筹协调网络数据安全和相关监管工作。

第七条 国家保护个人、组织与数据有关的权益，鼓励数据依法合理有效利用，保障数据依法有序自由流动，促进以数据为关键要素的数字经济发展。

第八条 开展数据处理活动，应当遵守法律、法规，尊重社会公德和伦理，遵守商业道德和职业道德，诚实守信，履行数据安全保护义务，承担社会责任，不得危害国家安全、公共利益，不得损害个人、组织的合法权益。

第九条 国家支持开展数据安全知识宣传普及，提高全社会的数据安全保护意识和水平，推动有关部门、行业组织、科研机构、企业、个人等共同参与数据安全保护工作，形成全社会共同维护数据安全和促进发展的良好环境。

第十条 相关行业组织按照章程，依法制定数据安全行为规范和团体标准，加强行业自律，指导会员加强数据安全保护，提高数据安全保护水平，促进行业健康发展。

第十一条 国家积极开展数据安全治理、数据开发利用等领域的国际交流与合作，参与数据安全相关国际规则和标准的制定，促进数据跨境安全、自由流动。

第十二条 任何个人、组织都有权对违反本法规定的行为向有关主管部门投诉、举报。收到投诉、举报的部门应当及时依法处理。

有关主管部门应当对投诉、举报人的相关信息予以保密，保护投诉、举报人的合法权益。

第二章 数据安全与发展

第十三条 国家统筹发展和安全，坚持以数据开发利用和产业发展促进数据安全，以数据安全保障数据开发利用和产业发展。

第十四条 国家实施大数据战略，推进数据基础设施建设，鼓励和支持数据在各行业、各领域的创新应用。

省级以上人民政府应当将数字经济发展纳入本级国民经济和社会发展规划，并根据需要制定数字经济发展规划。

第十五条 国家支持开发利用数据提升公共服务的智能化水平。提供智能化公共服务，应当充分考虑老年人、残疾人的需求，避免对老年人、残疾人的日常生活造成障碍。

第十六条 国家支持数据开发利用和数据安全技术研究，鼓励数据开发利用和数据安全等领域的技术推广和商业创新，培育、发展数据开发利用和数据安全产品、产业体系。

第十七条 国家推进数据开发利用技术和数据安全标准体系建设。国务院标准化行政主管部门和国务院有关部门根据各自的职责，组织制定并适时修订有关数据开发利用技术、产品和数据安全相关标准。国家支持企业、社会团体和教育、科研机构等参与标准制定。

第十八条 国家促进数据安全检测评估、认证等服务的发展，支持数据安全检测评估、认证等专业机构依法开展服务活动。

国家支持有关部门、行业组织、企业、教育和科研机构、有关专业机构等在数据安全风险评估、防范、处置等方面开展协作。

第十九条 国家建立健全数据交易管理制度，规范数据交易行为，培育数据交易市场。

第二十条 国家支持教育、科研机构和企业等开展数据开发利用技术和数据安全相关教育和培训，采取多种方式培养数据开发利用技术和数据安全专业人才，促进人才交流。

第三章 数据安全制度

第二十一条 国家建立数据分类分级保护制度，根据数据在经济社会发展中的重要程度，以及一旦遭到篡改、破坏、泄露或者非法获取、非法利用，对国家安全、公共利益或者个人、组织合法权益造成的危害程度，对数据实行分类分级保护。国家数据安全工作协调机制统筹协调有关部门制定重要数据目录，加强对重要数据的保护。

关系国家安全、国民经济命脉、重要民生、重大公共利益等数据属于国家核心数据，实行更加严格的管理制度。

各地区、各部门应当按照数据分类分级保护制度，确定本地区、本部门以及相关行业、领域的重要数据具体目录，对列入目录的数据进行重点保护。

第二十二条 国家建立集中统一、高效权威的数据安全风险评估、报告、信息共享、监测预警机制。国家数据安全工作协调机制统筹协调有关部门加强数据安全风险信息的获取、分析、研判、预警工作。

第二十三条 国家建立数据安全应急处置机制。发生数据安全事件，有关主管部门应当依法启动应急预案，采取相应的应急处置措施，防止危害扩大，消除安全隐患，并及时向社会发布与公众有关的警示信息。

第二十四条 国家建立数据安全审查制度，对影响或者可能影响国家安全的数据处理活动进行国家安全审查。

依法作出的安全审查决定为最终决定。

第二十五条 国家对与维护国家安全和利益、履行国际义务相关的属于管制物项的数据依法实施出口管制。

第二十六条　任何国家或者地区在与数据和数据开发利用技术等有关的投资、贸易等方面对中华人民共和国采取歧视性的禁止、限制或者其他类似措施的，中华人民共和国可以根据实际情况对该国家或者地区对等采取措施。

第四章　数据安全保护义务

第二十七条　开展数据处理活动应当依照法律、法规的规定，建立健全全流程数据安全管理制度，组织开展数据安全教育培训，采取相应的技术措施和其他必要措施，保障数据安全。利用互联网等信息网络开展数据处理活动，应当在网络安全等级保护制度的基础上，履行上述数据安全保护义务。

重要数据的处理者应当明确数据安全负责人和管理机构，落实数据安全保护责任。

第二十八条　开展数据处理活动以及研究开发数据新技术，应当有利于促进经济社会发展，增进人民福祉，符合社会公德和伦理。

第二十九条　开展数据处理活动应当加强风险监测，发现数据安全缺陷、漏洞等风险时，应当立即采取补救措施；发生数据安全事件时，应当立即采取处置措施，按照规定及时告知用户并向有关主管部门报告。

第三十条 重要数据的处理者应当按照规定对其数据处理活动定期开展风险评估，并向有关主管部门报送风险评估报告。

风险评估报告应当包括处理的重要数据的种类、数量，开展数据处理活动的情况，面临的数据安全风险及其应对措施等。

第三十一条 关键信息基础设施的运营者在中华人民共和国境内运营中收集和产生的重要数据的出境安全管理，适用《中华人民共和国网络安全法》的规定；其他数据处理者在中华人民共和国境内运营中收集和产生的重要数据的出境安全管理办法，由国家网信部门会同国务院有关部门制定。

第三十二条 任何组织、个人收集数据，应当采取合法、正当的方式，不得窃取或者以其他非法方式获取数据。

法律、行政法规对收集、使用数据的目的、范围有规定的，应当在法律、行政法规规定的目的和范围内收集、使用数据。

第三十三条 从事数据交易中介服务的机构提供服务,应当要求数据提供方说明数据来源,审核交易双方的身份,并留存审核、交易记录。

第三十四条 法律、行政法规规定提供数据处理相关服务应当取得行政许可的,服务提供者应当依法取得许可。

第三十五条 公安机关、国家安全机关因依法维护国家安全或者侦查犯罪的需要调取数据,应当按照国家有关规定,经过严格的批准手续,依法进行,有关组织、个人应当予以配合。

第三十六条 中华人民共和国主管机关根据有关法律和中华人民共和国缔结或者参加的国际条约、协定,或者按照平等互惠原则,处理外国司法或者执法机构关于提供数据的请求。非经中华人民共和国主管机关批准,境内的组织、个人不得向外国司法或者执法机构提供存储于中华人民共和国境内的数据。

第五章　政务数据安全与开放

第三十七条 国家大力推进电子政务建设,提高政务数据的科学性、准确性、时效性,提升运用数据服务经济社会发展的能力。

第三十八条 国家机关为履行法定职责的需要收集、使用数据,应当在其履行法定职责的范围内依照法律、行政法规规定的条件和程序进行;对在履行职责中知悉的个人隐私、个人信息、商业秘密、保密商务信息等数据应当依法予以保密,不得泄露或者非法向他人提供。

第三十九条 国家机关应当依照法律、行政法规的规定,建立健全数据安全管理制度,落实数据安全保护责任,保障政务数据安全。

第四十条 国家机关委托他人建设、维护电子政务系统,存储、加工政务数据,应当经过严格的批准程序,并应当监督受托方履行相应的数据安全保护义务。受托方应当依照法律、法规的规定和合同约定履行数据安全保护义务,不得擅自留存、使用、泄露或者向他人提供政务数据。

第四十一条 国家机关应当遵循公正、公平、便民的原则,按照规定及时、准确地公开政务数据。依法不予公开的除外。

第四十二条 国家制定政务数据开放目录,构建统一规范、互联互通、安全可控的政务数据开放平台,推动政务数据开放利用。

第四十三条 法律、法规授权的具有管理公共事务职能的组织为履行法定职责开展数据处理活动，适用本章规定。

第六章 法律责任

第四十四条 有关主管部门在履行数据安全监管职责中，发现数据处理活动存在较大安全风险的，可以按照规定的权限和程序对有关组织、个人进行约谈，并要求有关组织、个人采取措施进行整改，消除隐患。

第四十五条 开展数据处理活动的组织、个人不履行本法第二十七条、第二十九条、第三十条规定的数据安全保护义务的，由有关主管部门责令改正，给予警告，可以并处五万元以上五十万元以下罚款，对直接负责的主管人员和其他直接责任人员可以处一万元以上十万元以下罚款；拒不改正或者造成大量数据泄露等严重后果的，处五十万元以上二百万元以下罚款，并可以责令暂停相关业务、停业整顿、吊销相关业务许可证或者吊销营业执照，对直接负责的主管人员和其他直接责任人员处五万元以上二十万元以下罚款。

违反国家核心数据管理制度,危害国家主权、安全和发展利益的,由有关主管部门处二百万元以上一千万元以下罚款,并根据情况责令暂停相关业务、停业整顿、吊销相关业务许可证或者吊销营业执照;构成犯罪的,依法追究刑事责任。

第四十六条 违反本法第三十一条规定,向境外提供重要数据的,由有关主管部门责令改正,给予警告,可以并处十万元以上一百万元以下罚款,对直接负责的主管人员和其他直接责任人员可以处一万元以上十万元以下罚款;情节严重的,处一百万元以上一千万元以下罚款,并可以责令暂停相关业务、停业整顿、吊销相关业务许可证或者吊销营业执照,对直接负责的主管人员和其他直接责任人员处十万元以上一百万元以下罚款。

第四十七条 从事数据交易中介服务的机构未履行本法第三十三条规定的义务的,由有关主管部门责令改正,没收违法所得,处违法所得一倍以上十倍以下罚款,没有违法所得或者违法所得不足十万元的,处十万元以上一百万元以下罚款,并可以责令暂停相关业务、停业整顿、吊销相关业务许可证或者吊销营业执照;对直接负责的主管人员和其他直接责任人员处一万元以上十万元以下罚款。

第四十八条 违反本法第三十五条规定，拒不配合数据调取的，由有关主管部门责令改正，给予警告，并处五万元以上五十万元以下罚款，对直接负责的主管人员和其他直接责任人员处一万元以上十万元以下罚款。

违反本法第三十六条规定，未经主管机关批准向外国司法或者执法机构提供数据的，由有关主管部门给予警告，可以并处十万元以上一百万元以下罚款，对直接负责的主管人员和其他直接责任人员可以处一万元以上十万元以下罚款；造成严重后果的，处一百万元以上五百万元以下罚款，并可以责令暂停相关业务、停业整顿、吊销相关业务许可证或者吊销营业执照，对直接负责的主管人员和其他直接责任人员处五万元以上五十万元以下罚款。

第四十九条 国家机关不履行本法规定的数据安全保护义务的，对直接负责的主管人员和其他直接责任人员依法给予处分。

第五十条 履行数据安全监管职责的国家工作人员玩忽职守、滥用职权、徇私舞弊的，依法给予处分。

第五十一条 窃取或者以其他非法方式获取数据，开展数据处理活动排除、限制竞争，或者损害个人、组织合法权益的,依照有关法律、行政法规的规定处罚。

第五十二条 违反本法规定,给他人造成损害的,依法承担民事责任。

违反本法规定,构成违反治安管理行为的,依法给予治安管理处罚;构成犯罪的,依法追究刑事责任。

第七章 附 则

第五十三条 开展涉及国家秘密的数据处理活动,适用《中华人民共和国保守国家秘密法》等法律、行政法规的规定。

在统计、档案工作中开展数据处理活动,开展涉及个人信息的数据处理活动,还应当遵守有关法律、行政法规的规定。

第五十四条 军事数据安全保护的办法,由中央军事委员会依据本法另行制定。

第五十五条 本法自2021年9月1日起施行。

中华人民共和国公共文化服务保障法

（2016年12月25日第十二届全国人民代表大会常务委员会第二十五次会议通过 2016年12月25日中华人民共和国主席令第60号公布 自2017年3月1日起施行）

目　　录

第一章　总　　则

第二章　公共文化设施建设与管理

第三章　公共文化服务提供

第四章　保障措施

第五章　法律责任

第六章　附　　则

第一章　总　　则

第一条　为了加强公共文化服务体系建设，丰富人民群众精神文化生活，传承中华优秀传统文化，弘扬社会主义核心价值观，增强文化自信，促进中国特色社会主义文化繁荣发展，提高全民族文明素质，制定本法。

第二条 本法所称公共文化服务，是指由政府主导、社会力量参与，以满足公民基本文化需求为主要目的而提供的公共文化设施、文化产品、文化活动以及其他相关服务。

第三条 公共文化服务应当坚持社会主义先进文化前进方向，坚持以人民为中心，坚持以社会主义核心价值观为引领；应当按照"百花齐放、百家争鸣"的方针，支持优秀公共文化产品的创作生产，丰富公共文化服务内容。

第四条 县级以上人民政府应当将公共文化服务纳入本级国民经济和社会发展规划，按照公益性、基本性、均等性、便利性的要求，加强公共文化设施建设，完善公共文化服务体系，提高公共文化服务效能。

第五条 国务院根据公民基本文化需求和经济社会发展水平，制定并调整国家基本公共文化服务指导标准。

省、自治区、直辖市人民政府根据国家基本公共文化服务指导标准，结合当地实际需求、财政能力和文化特色，制定并调整本行政区域的基本公共文化服务实施标准。

第六条 国务院建立公共文化服务综合协调机制，指导、协调、推动全国公共文化服务工作。国务院文化主管部门承担综合协调具体职责。

地方各级人民政府应当加强对公共文化服务的统筹协调，推动实现共建共享。

第七条 国务院文化主管部门、新闻出版广电主管部门依照本法和国务院规定的职责负责全国的公共文化服务工作；国务院其他有关部门在各自职责范围内负责相关公共文化服务工作。

县级以上地方人民政府文化、新闻出版广电主管部门根据其职责负责本行政区域内的公共文化服务工作；县级以上地方人民政府其他有关部门在各自职责范围内负责相关公共文化服务工作。

第八条 国家扶助革命老区、民族地区、边疆地区、贫困地区的公共文化服务，促进公共文化服务均衡协调发展。

第九条 各级人民政府应当根据未成年人、老年人、残疾人和流动人口等群体的特点与需求，提供相应的公共文化服务。

第十条 国家鼓励和支持公共文化服务与学校教育相结合，充分发挥公共文化服务的社会教育功能，提高青少年思想道德和科学文化素质。

第十一条 国家鼓励和支持发挥科技在公共文化服务中的作用，推动运用现代信息技术和传播技术，提高公众的科学素养和公共文化服务水平。

第十二条 国家鼓励和支持在公共文化服务领域开展国际合作与交流。

第十三条 国家鼓励和支持公民、法人和其他组织参与公共文化服务。

对在公共文化服务中作出突出贡献的公民、法人和其他组织，依法给予表彰和奖励。

第二章 公共文化设施建设与管理

第十四条 本法所称公共文化设施是指用于提供公共文化服务的建筑物、场地和设备，主要包括图书馆、博物馆、文化馆（站）、美术馆、科技馆、纪念馆、体育场馆、工人文化宫、青少年宫、妇女儿童活动中心、老年人活动中心、乡镇（街道）和村（社区）基层综合性文化服务中心、农家（职工）书屋、公共阅报栏（屏）、广播电视播出传输覆盖设施、公共数字文化服务点等。

县级以上地方人民政府应当将本行政区域内的公共文化设施目录及有关信息予以公布。

第十五条 县级以上地方人民政府应当将公共文化设施建设纳入本级城乡规划，根据国家基本公共文化服务指导标准、省级基本公共文化服务实施标准，结合当地经济社会发展水平、人口状况、环境条件、文化特色，合理确定公共文化设施的种类、数量、规模以及布局，形成场馆服务、流动服务和数字服务相结合的公共文化设施网络。

公共文化设施的选址，应当征求公众意见，符合公共文化设施的功能和特点，有利于发挥其作用。

第十六条 公共文化设施的建设用地，应当符合土地利用总体规划和城乡规划，并依照法定程序审批。

任何单位和个人不得侵占公共文化设施建设用地或者擅自改变其用途。因特殊情况需要调整公共文化设施建设用地的，应当重新确定建设用地。调整后的公共文化设施建设用地不得少于原有面积。

新建、改建、扩建居民住宅区，应当按照有关规定、标准，规划和建设配套的公共文化设施。

第十七条 公共文化设施的设计和建设,应当符合实用、安全、科学、美观、环保、节约的要求和国家规定的标准,并配置无障碍设施设备。

第十八条 地方各级人民政府可以采取新建、改建、扩建、合建、租赁、利用现有公共设施等多种方式,加强乡镇(街道)、村(社区)基层综合性文化服务中心建设,推动基层有关公共设施的统一管理、综合利用,并保障其正常运行。

第十九条 任何单位和个人不得擅自拆除公共文化设施,不得擅自改变公共文化设施的功能、用途或者妨碍其正常运行,不得侵占、挪用公共文化设施,不得将公共文化设施用于与公共文化服务无关的商业经营活动。

因城乡建设确需拆除公共文化设施,或者改变其功能、用途的,应当依照有关法律、行政法规的规定重建、改建,并坚持先建设后拆除或者建设拆除同时进行的原则。重建、改建的公共文化设施的设施配置标准、建筑面积等不得降低。

第二十条 公共文化设施管理单位应当按照国家规定的标准,配置和更新必需的服务内容和设备,加强公共文化设施经常性维护管理工作,保障公共文化设施的正常使用和运转。

第二十一条 公共文化设施管理单位应当建立健全管理制度和服务规范，建立公共文化设施资产统计报告制度和公共文化服务开展情况的年报制度。

第二十二条 公共文化设施管理单位应当建立健全安全管理制度，开展公共文化设施及公众活动的安全评价，依法配备安全保护设备和人员，保障公共文化设施和公众活动安全。

第二十三条 各级人民政府应当建立有公众参与的公共文化设施使用效能考核评价制度，公共文化设施管理单位应当根据评价结果改进工作，提高服务质量。

第二十四条 国家推动公共图书馆、博物馆、文化馆等公共文化设施管理单位根据其功能定位建立健全法人治理结构，吸收有关方面代表、专业人士和公众参与管理。

第二十五条 国家鼓励和支持公民、法人和其他组织兴建、捐建或者与政府部门合作建设公共文化设施，鼓励公民、法人和其他组织依法参与公共文化设施的运营和管理。

第二十六条 公众在使用公共文化设施时，应当遵守公共秩序，爱护公共设施，不得损坏公共设施设备和物品。

第三章 公共文化服务提供

第二十七条 各级人民政府应当充分利用公共文化设施，促进优秀公共文化产品的提供和传播，支持开展全民阅读、全民普法、全民健身、全民科普和艺术普及、优秀传统文化传承活动。

第二十八条 设区的市级、县级地方人民政府应当根据国家基本公共文化服务指导标准和省、自治区、直辖市基本公共文化服务实施标准，结合当地实际，制定公布本行政区域公共文化服务目录并组织实施。

第二十九条 公益性文化单位应当完善服务项目、丰富服务内容，创造条件向公众提供免费或者优惠的文艺演出、陈列展览、电影放映、广播电视节目收听收看、阅读服务、艺术培训等，并为公众开展文化活动提供支持和帮助。

国家鼓励经营性文化单位提供免费或者优惠的公共文化产品和文化活动。

第三十条 基层综合性文化服务中心应当加强资源整合，建立完善公共文化服务网络，充分发挥统筹服务功能，为公众提供书报阅读、影视观赏、戏曲表演、普法教育、艺术普及、科学普及、广播播送、互联网上网和群众性文化体育活动等公共文化服务，并根据其功能特点，因地制宜提供其他公共服务。

第三十一条 公共文化设施应当根据其功能、特点，按照国家有关规定，向公众免费或者优惠开放。

公共文化设施开放收取费用的，应当每月定期向中小学生免费开放。

公共文化设施开放或者提供培训服务等收取费用的，应当报经县级以上人民政府有关部门批准；收取的费用，应当用于公共文化设施的维护、管理和事业发展，不得挪作他用。

公共文化设施管理单位应当公示服务项目和开放时间；临时停止开放的，应当及时公告。

第三十二条 国家鼓励和支持机关、学校、企业事业单位的文化体育设施向公众开放。

第三十三条 国家统筹规划公共数字文化建设，构建标准统一、互联互通的公共数字文化服务网络，建设公共文化信息资源库，实现基层网络服务共建共享。

国家支持开发数字文化产品，推动利用宽带互联网、移动互联网、广播电视网和卫星网络提供公共文化服务。

地方各级人民政府应当加强基层公共文化设施的数字化和网络建设，提高数字化和网络服务能力。

第三十四条 地方各级人民政府应当采取多种方式，因地制宜提供流动文化服务。

第三十五条 国家重点增加农村地区图书、报刊、戏曲、电影、广播电视节目、网络信息内容、节庆活动、体育健身活动等公共文化产品供给，促进城乡公共文化服务均等化。

面向农村提供的图书、报刊、电影等公共文化产品应当符合农村特点和需求，提高针对性和时效性。

第三十六条 地方各级人民政府应当根据当地实际情况，在人员流动量较大的公共场所、务工人员较为集中的区域以及留守妇女儿童较为集中的农村地区，配备必要的设施，采取多种形式，提供便利可及的公共文化服务。

第三十七条 国家鼓励公民主动参与公共文化服务，自主开展健康文明的群众性文化体育活动；地方各级人民政府应当给予必要的指导、支持和帮助。

居民委员会、村民委员会应当根据居民的需求开展群众性文化体育活动，并协助当地人民政府有关部门开展公共文化服务相关工作。

国家机关、社会组织、企业事业单位应当结合自身特点和需要,组织开展群众性文化体育活动,丰富职工文化生活。

第三十八条 地方各级人民政府应当加强面向在校学生的公共文化服务,支持学校开展适合在校学生特点的文化体育活动,促进德智体美教育。

第三十九条 地方各级人民政府应当支持军队基层文化建设,丰富军营文化体育活动,加强军民文化融合。

第四十条 国家加强民族语言文字文化产品的供给,加强优秀公共文化产品的民族语言文字译制及其在民族地区的传播,鼓励和扶助民族文化产品的创作生产,支持开展具有民族特色的群众性文化体育活动。

第四十一条 国务院和省、自治区、直辖市人民政府制定政府购买公共文化服务的指导性意见和目录。国务院有关部门和县级以上地方人民政府应当根据指导性意见和目录,结合实际情况,确定购买的具体项目和内容,及时向社会公布。

第四十二条 国家鼓励和支持公民、法人和其他组织通过兴办实体、资助项目、赞助活动、提供设施、捐赠产品等方式，参与提供公共文化服务。

第四十三条　国家倡导和鼓励公民、法人和其他组织参与文化志愿服务。

公共文化设施管理单位应当建立文化志愿服务机制，组织开展文化志愿服务活动。

县级以上地方人民政府有关部门应当对文化志愿活动给予必要的指导和支持，并建立管理评价、教育培训和激励保障机制。

第四十四条　任何组织和个人不得利用公共文化设施、文化产品、文化活动以及其他相关服务，从事危害国家安全、损害社会公共利益和其他违反法律法规的活动。

第四章　保障措施

第四十五条　国务院和地方各级人民政府应当根据公共文化服务的事权和支出责任，将公共文化服务经费纳入本级预算，安排公共文化服务所需资金。

第四十六条　国务院和省、自治区、直辖市人民政府应当增加投入，通过转移支付等方式，重点扶助革命老区、民族地区、边疆地区、贫困地区开展公共文化服务。

国家鼓励和支持经济发达地区对革命老区、民族地区、边疆地区、贫困地区的公共文化服务提供援助。

第四十七条 免费或者优惠开放的公共文化设施，按照国家规定享受补助。

第四十八条 国家鼓励社会资本依法投入公共文化服务，拓宽公共文化服务资金来源渠道。

第四十九条 国家采取政府购买服务等措施，支持公民、法人和其他组织参与提供公共文化服务。

第五十条 公民、法人和其他组织通过公益性社会团体或者县级以上人民政府及其部门，捐赠财产用于公共文化服务的，依法享受税收优惠。

国家鼓励通过捐赠等方式设立公共文化服务基金，专门用于公共文化服务。

第五十一条 地方各级人民政府应当按照公共文化设施的功能、任务和服务人口规模，合理设置公共文化服务岗位，配备相应专业人员。

第五十二条 国家鼓励和支持文化专业人员、高校毕业生和志愿者到基层从事公共文化服务工作。

第五十三条 国家鼓励和支持公民、法人和其他组织依法成立公共文化服务领域的社会组织，推动公共文化服务社会化、专业化发展。

第五十四条 国家支持公共文化服务理论研究，加强多层次专业人才教育和培训。

第五十五条 县级以上人民政府应当建立健全公共文化服务资金使用的监督和统计公告制度，加强绩效考评，确保资金用于公共文化服务。任何单位和个人不得侵占、挪用公共文化服务资金。

审计机关应当依法加强对公共文化服务资金的审计监督。

第五十六条 各级人民政府应当加强对公共文化服务工作的监督检查，建立反映公众文化需求的征询反馈制度和有公众参与的公共文化服务考核评价制度，并将考核评价结果作为确定补贴或者奖励的依据。

第五十七条 各级人民政府及有关部门应当及时公开公共文化服务信息，主动接受社会监督。

新闻媒体应当积极开展公共文化服务的宣传报道，并加强舆论监督。

第五章　法　律　责　任

第五十八条 违反本法规定，地方各级人民政府和县级以上人民政府有关部门未履行公共文化服务保障职责的，由其上级机关或者监察机关责令限期改正；情节严重的，对直接负责的主管人员和其他直接责任人员依法给予处分。

第五十九条 违反本法规定，地方各级人民政府和县级以上人民政府有关部门，有下列行为之一的，由其上级机关或者监察机关责令限期改正；情节严重的，对直接负责的主管人员和其他直接责任人员依法给予处分：

（一）侵占、挪用公共文化服务资金的；

（二）擅自拆除、侵占、挪用公共文化设施，或者改变其功能、用途，或者妨碍其正常运行的；

（三）未依照本法规定重建公共文化设施的；

（四）滥用职权、玩忽职守、徇私舞弊的。

第六十条 违反本法规定，侵占公共文化设施的建设用地或者擅自改变其用途的，由县级以上地方人民政府土地主管部门、城乡规划主管部门依据各自职责责令限期改正；逾期不改正的，由作出决定的机关依法强制执行，或者依法申请人民法院强制执行。

第六十一条 违反本法规定，公共文化设施管理单位有下列情形之一的，由其主管部门责令限期改正；造成严重后果的，对直接负责的主管人员和其他直接责任人员，依法给予处分：

（一）未按照规定对公众开放的；

（二）未公示服务项目、开放时间等事项的；

（三）未建立安全管理制度的；

（四）因管理不善造成损失的。

第六十二条　违反本法规定，公共文化设施管理单位有下列行为之一的，由其主管部门或者价格主管部门责令限期改正，没收违法所得，违法所得五千元以上的，并处违法所得两倍以上五倍以下罚款；没有违法所得或者违法所得五千元以下的，可以处一万元以下的罚款；对直接负责的主管人员和其他直接责任人员，依法给予处分：

（一）开展与公共文化设施功能、用途不符的服务活动的；

（二）对应当免费开放的公共文化设施收费或者变相收费的；

（三）收取费用未用于公共文化设施的维护、管理和事业发展，挪作他用的。

第六十三条　违反本法规定，损害他人民事权益的，依法承担民事责任；构成违反治安管理行为的，由公安机关依法给予治安管理处罚；构成犯罪的，依法追究刑事责任。

第六章 附 则

第六十四条 境外自然人、法人和其他组织在中国境内从事公共文化服务的，应当符合相关法律、行政法规的规定。

第六十五条 本法自2017年3月1日起施行。

中华人民共和国文物保护法

（1982年11月19日第五届全国人民代表大会常务委员会第二十五次会议通过　根据1991年6月29日第七届全国人民代表大会常务委员会第二十次会议《关于修改〈中华人民共和国文物保护法〉第三十条、第三十一条的决定》第一次修正　2002年10月28日第九届全国人民代表大会常务委员会第三十次会议第一次修订　根据2007年12月29日第十届全国人民代表大会常务委员会第三十一次会议《关于修改〈中华人民共和国文物保护法〉的决定》第二次修正　根据2013年6月29日第十二届全国人民代表大会常务委员会第三次会议《关于修改〈中华人民共和国文物保护法〉等十二部法律的决定》第三次修正　根据2015年4月24日第十二届全国人民代表大会常务委员会第十四次会议《关于修改〈中华人民共和国文物保护法〉的决定》第四次修正 根据 2017 年 11 月 4 日第十二届全国人民代表大会常务委员会第三十次会议《关于修改〈中华人民共和国会计法〉等十一部法律的决定》第五次修正 2024 年 11 月 8 日第十四届全国人民代表大会常务委员会第十二次会议第二次修订 2024 年 11 月 8 日中华人民共和国主席令第 35 号公布 自 2025 年 3 月 1 日起施行)

目　　录

第一章　总　　则

第二章　不可移动文物

第三章　考古发掘

第四章　馆藏文物

第五章　民间收藏文物

第六章　文物出境进境

第七章　法律责任

第八章　附　　则

第一章　总　　则

第一条　为了加强对文物的保护,传承中华民族优秀历史文化遗产，促进科学研究工作，进行爱国主义和革命传统教育，增强历史自觉、坚定文化自信，建设社会主义精神文明和物质文明，根据宪法，制定本法。

第二条 文物受国家保护。本法所称文物，是指人类创造的或者与人类活动有关的，具有历史、艺术、科学价值的下列物质遗存：

（一）古文化遗址、古墓葬、古建筑、石窟寺和古石刻、古壁画；

（二）与重大历史事件、革命运动或者著名人物有关的以及具有重要纪念意义、教育意义或者史料价值的近代现代重要史迹、实物、代表性建筑；

（三）历史上各时代珍贵的艺术品、工艺美术品；

（四）历史上各时代重要的文献资料、手稿和图书资料等；

（五）反映历史上各时代、各民族社会制度、社会生产、社会生活的代表性实物。

文物认定的主体、标准和程序，由国务院规定并公布。

具有科学价值的古脊椎动物化石和古人类化石同文物一样受国家保护。

第三条 文物分为不可移动文物和可移动文物。

古文化遗址、古墓葬、古建筑、石窟寺、古石刻、古壁画、近代现代重要史迹和代表性建筑等不可移动文物，分为文物保护单位和未核定公布为文物保护单位的不可移动文物（以下称未定级不可移动文物）；文物保护单位分为全国重点文物保护单位，省级文物保护单位，设区的市级、县级文物保护单位。

历史上各时代重要实物、艺术品、工艺美术品、文献资料、手稿、图书资料、代表性实物等可移动文物，分为珍贵文物和一般文物；珍贵文物分为一级文物、二级文物、三级文物。

第四条 文物工作坚持中国共产党的领导，坚持以社会主义核心价值观为引领，贯彻保护为主、抢救第一、合理利用、加强管理的方针。

第五条 中华人民共和国境内地下、内水和领海中遗存的一切文物，以及中国管辖的其他海域内遗存的起源于中国的和起源国不明的文物，属于国家所有。

古文化遗址、古墓葬、石窟寺属于国家所有。国家指定保护的纪念建筑物、古建筑、古石刻、古壁画、近代现代代表性建筑等不可移动文物，除国家另有规定的以外，属于国家所有。

国有不可移动文物的所有权不因其所依附的土地的所有权或者使用权的改变而改变。

第六条 下列可移动文物，属于国家所有：

（一）中国境内地下、内水和领海以及中国管辖的其他海域内出土、出水的文物，国家另有规定的除外；

（二）国有文物收藏单位以及其他国家机关、部队和国有企业、事业单位等收藏、保管的文物；

（三）国家征集、购买或者依法没收的文物；

（四）公民、组织捐赠给国家的文物；

（五）法律规定属于国家所有的其他文物。

国有可移动文物的所有权不因其收藏、保管单位的终止或者变更而改变。

第七条 国有文物所有权受法律保护，不容侵犯。

属于集体所有和私人所有的纪念建筑物、古建筑和祖传文物以及依法取得的其他文物，其所有权受法律保护。文物的所有者必须遵守国家有关文物保护的法律、法规的规定。

第八条 一切机关、组织和个人都有依法保护文物的义务。

第九条 国务院文物行政部门主管全国文物保护工作。

地方各级人民政府负责本行政区域内的文物保护工作。县级以上地方人民政府文物行政部门对本行政区域内的文物保护实施监督管理。

县级以上人民政府有关部门在各自的职责范围内，负责有关的文物保护工作。

第十条 国家发展文物保护事业，贯彻落实保护第一、加强管理、挖掘价值、有效利用、让文物活起来的工作要求。

第十一条 文物是不可再生的文化资源。各级人民政府应当重视文物保护，正确处理经济建设、社会发展与文物保护的关系，确保文物安全。

基本建设、旅游发展必须把文物保护放在第一位，严格落实文物保护与安全管理规定，防止建设性破坏和过度商业化。

第十二条 对与中国共产党各个历史时期重大事件、重要会议、重要人物和伟大建党精神等有关的文物，各级人民政府应当采取措施加强保护。

第十三条 县级以上人民政府应当将文物保护事业纳入本级国民经济和社会发展规划，所需经费列入本级预算，确保文物保护事业发展与国民经济和社会发展水平相适应。

国有博物馆、纪念馆、文物保护单位等的事业性收入，纳入预算管理，用于文物保护事业，任何单位或者个人不得侵占、挪用。

国家鼓励通过捐赠等方式设立文物保护社会基金，专门用于文物保护，任何单位或者个人不得侵占、挪用。

第十四条 县级以上人民政府及其文物行政部门应当加强文物普查和专项调查，全面掌握文物资源及保护情况。

县级以上人民政府文物行政部门加强对国有文物资源资产的动态管理，按照国家有关规定，及时报送国有文物资源资产管理情况的报告。

第十五条 国家支持和规范文物价值挖掘阐释，促进中华文明起源与发展研究，传承中华优秀传统文化，弘扬革命文化，发展社会主义先进文化，铸牢中华民族共同体意识，提升中华文化影响力。

第十六条 国家加强文物保护的宣传教育，创新传播方式，增强全民文物保护的意识，营造自觉传承中华民族优秀历史文化遗产的社会氛围。

新闻媒体应当开展文物保护法律法规和文物保护知识的宣传报道，并依法对危害文物安全、破坏文物的行为进行舆论监督。

博物馆、纪念馆、文物保管所、考古遗址公园等有关单位应当结合参观游览内容有针对性地开展文物保护宣传教育活动。

第十七条 国家鼓励开展文物保护的科学研究，推广先进适用的文物保护技术，提高文物保护的科学技术水平。

国家加强文物保护信息化建设，鼓励开展文物保护数字化工作，推进文物资源数字化采集和展示利用。

国家加大考古、修缮、修复等文物保护专业人才培养力度，健全人才培养、使用、评价和激励机制。

第十八条 国家鼓励开展文物利用研究，在确保文物安全的前提下，坚持社会效益优先，有效利用文物资源，提供多样化多层次的文化产品与服务。

第十九条 国家健全社会参与机制，调动社会力量参与文化遗产保护的积极性，鼓励引导社会力量投入文化遗产保护。

第二十条 国家支持开展考古、修缮、修复、展览、科学研究、执法、司法等文物保护国际交流与合作，促进人类文明交流互鉴。

第二十一条 县级以上人民政府文物行政部门或者有关部门应当公开投诉、举报方式等信息，及时受理并处理涉及文物保护的投诉、举报。

第二十二条 有下列事迹之一的单位或者个人，按照国家有关规定给予表彰、奖励：

（一）认真执行文物保护法律、法规，保护文物成绩显著的；

（二）为保护文物与违法犯罪行为作坚决斗争的；

（三）将收藏的重要文物捐献给国家或者向文物保护事业捐赠的；

（四）发现文物及时上报或者上交，使文物得到保护的；

（五）在考古发掘、文物价值挖掘阐释等工作中做出重大贡献的；

（六）在文物保护科学技术方面有重要发明创造或者其他重要贡献的；

（七）在文物面临破坏危险时，抢救文物有功的；

（八）长期从事文物工作，做出显著成绩的；

（九）组织、参与文物保护志愿服务，做出显著成绩的；

（十）在文物保护国际交流与合作中做出重大贡献的。

第二章　不可移动文物

第二十三条　在文物普查、专项调查或者其他相关工作中发现的不可移动文物，应当及时核定公布为文物保护单位或者登记公布为未定级不可移动文物。公民、组织可以提出核定公布文物保护单位或者登记公布未定级不可移动文物的建议。

国务院文物行政部门在省级和设区的市级、县级文物保护单位中，选择具有重大历史、艺术、科学价值的确定为全国重点文物保护单位，或者直接确定为全国重点文物保护单位，报国务院核定公布。

省级文物保护单位，由省、自治区、直辖市人民政府核定公布，并报国务院备案。

设区的市级和县级文物保护单位，分别由设区的市、自治州人民政府和县级人民政府核定公布，并报省、自治区、直辖市人民政府备案。

未定级不可移动文物，由县级人民政府文物行政部门登记，报本级人民政府和上一级人民政府文物行政部门备案，并向社会公布。

第二十四条 在旧城区改建、土地成片开发中，县级以上人民政府应当事先组织进行相关区域内不可移动文物调查，及时开展核定、登记、公布工作，并依法采取保护措施。未经调查，任何单位不得开工建设，防止建设性破坏。

第二十五条 保存文物特别丰富并且具有重大历史价值或者革命纪念意义的城市，由国务院核定公布为历史文化名城。

保存文物特别丰富并且具有重大历史价值或者革命纪念意义的城镇、街道、村庄，由省、自治区、直辖市人民政府核定公布为历史文化街区、村镇，并报国务院备案。

历史文化名城和历史文化街区、村镇所在地县级以上地方人民政府应当组织编制专门的历史文化名城和历史文化街区、村镇保护规划，并纳入有关规划。

历史文化名城和历史文化街区、村镇的保护办法，由国务院制定。

第二十六条 各级文物保护单位，分别由省、自治区、直辖市人民政府和设区的市级、县级人民政府划定公布必要的保护范围,作出标志说明,建立记录档案,并区别情况分别设置专门机构或者专人负责管理。全国重点文物保护单位的保护范围和记录档案,由省、自治区、直辖市人民政府文物行政部门报国务院文物行政部门备案。

未定级不可移动文物,由县级人民政府文物行政部门作出标志说明,建立记录档案,明确管理责任人。

县级以上地方人民政府文物行政部门应当根据不同文物的保护需要,制定文物保护单位和未定级不可移动文物的具体保护措施,向本级人民政府报告,并公告施行。

文物行政部门应当指导、鼓励基层群众性自治组织、志愿者等参与不可移动文物保护工作。

第二十七条 各级人民政府制定有关规划,应当根据文物保护的需要,事先由有关部门会同文物行政部门商定本行政区域内不可移动文物的保护措施,并纳入规划。

县级以上地方人民政府文物行政部门根据文物保护需要,组织编制本行政区域内不可移动文物的保护规划,经本级人民政府批准后公布实施,并报上一级人民政府文物行政部门备案;全国重点文物保护单位的保护规划由省、自治区、直辖市人民政府批准后公布实施,并报国务院文物行政部门备案。

第二十八条 在文物保护单位的保护范围内不得进行文物保护工程以外的其他建设工程或者爆破、钻探、挖掘等作业;因特殊情况需要进行的,必须保证文物保护单位的安全。

因特殊情况需要在省级或者设区的市级、县级文物保护单位的保护范围内进行前款规定的建设工程或者作业的,必须经核定公布该文物保护单位的人民政府批准,在批准前应当征得上一级人民政府文物行政部门同意;在全国重点文物保护单位的保护范围内进行前款规定的建设工程或者作业的,必须经省、自治区、直辖市人民政府批准,在批准前应当征得国务院文物行政部门同意。

第二十九条 根据保护文物的实际需要,经省、自治区、直辖市人民政府批准,可以在文物保护单位的周围划出一定的建设控制地带,并予以公布。

在文物保护单位的建设控制地带内进行建设工程,不得破坏文物保护单位的历史风貌;工程设计方案应当根据文物保护单位的级别和建设工程对文物保护单位历史风貌的影响程度，经国家规定的文物行政部门同意后，依法取得建设工程规划许可。

第三十条 在文物保护单位的保护范围和建设控制地带内，不得建设污染文物保护单位及其环境的设施，不得进行可能影响文物保护单位安全及其环境的活动。对已有的污染文物保护单位及其环境的设施，依照生态环境有关法律法规的规定处理。

第三十一条 建设工程选址，应当尽可能避开不可移动文物；因特殊情况不能避开的，应当尽可能实施原址保护。

实施原址保护的，建设单位应当事先确定原址保护措施，根据文物保护单位的级别报相应的文物行政部门批准；未定级不可移动文物的原址保护措施，报县级人民政府文物行政部门批准；未经批准的，不得开工建设。

无法实施原址保护，省级或者设区的市级、县级文物保护单位需要迁移异地保护或者拆除的，应当报省、自治区、直辖市人民政府批准；迁移或者拆除省级文物保护单位的，批准前必须征得国务院文物行政部门同意。全国重点文物保护单位不得拆除；需要迁移的，必须由省、自治区、直辖市人民政府报国务院批准。未定级不可移动文物需要迁移异地保护或者拆除的，应当报省、自治区、直辖市人民政府文物行政部门批准。

依照前款规定拆除国有不可移动文物，由文物行政部门监督实施，对具有收藏价值的壁画、雕塑、建筑构件等，由文物行政部门指定的文物收藏单位收藏。

本条规定的原址保护、迁移、拆除所需费用，由建设单位列入建设工程预算。

第三十二条 国有不可移动文物由使用人负责修缮、保养；非国有不可移动文物由所有人或者使用人负责修缮、保养，县级以上人民政府可以予以补助。

不可移动文物有损毁危险，所有人或者使用人不具备修缮能力的，县级以上人民政府应当给予帮助；所有人或者使用人具备修缮能力但拒不依法履行修缮义务的，县级以上人民政府可以给予抢救修缮，所需费用由所有人或者使用人承担。

对文物保护单位进行修缮，应当根据文物保护单位的级别报相应的文物行政部门批准；对未定级不可移动文物进行修缮，应当报县级人民政府文物行政部门批准。

文物保护单位的修缮、迁移、重建，由取得文物保护工程资质证书的单位承担。

对不可移动文物进行修缮、保养、迁移，必须遵守不改变文物原状和最小干预的原则，确保文物的真实性和完整性。

县级以上人民政府文物行政部门应当加强对不可移动文物保护的监督检查，及时发现问题隐患，防范安全风险，并督促指导不可移动文物所有人或者使用人履行保护职责。

第三十三条　不可移动文物已经全部毁坏的，应当严格实施遗址保护，不得在原址重建。因文物保护等特殊情况需要在原址重建的，由省、自治区、直辖市人民政府文物行政部门报省、自治区、直辖市人民政府批准；全国重点文物保护单位需要在原址重建的，由省、自治区、直辖市人民政府征得国务院文物行政部门同意后报国务院批准。

第三十四条　国有文物保护单位中的纪念建筑物或者古建筑，除可以建立博物馆、文物保管所或者辟为参观游览场所外，改作其他用途的，设区的市级、县级文物保护单位应当经核定公布该文物保护单位的人民政府文物行政部门征得上一级人民政府文物行政部门同意后，报核定公布该文物保护单位的人民政府批准；省级文物保护单位应当经核定公布该文物保护单位的省、自治区、直辖市人民政府文物行政部门审核同意后，报省、自治区、直辖市人民政府批准；全国重点文物保护单位应当由省、自治区、直辖市人民政府报国务院批准。国有未定级不可移动文物改作其他用途的，应当报告县级人民政府文物行政部门。

第三十五条 国有不可移动文物不得转让、抵押，国家另有规定的，依照其规定。建立博物馆、文物保管所或者辟为参观游览场所的国有不可移动文物，不得改作企业资产经营；其管理机构不得改由企业管理。

依托历史文化街区、村镇进行旅游等开发建设活动的，应当严格落实相关保护规划和保护措施，控制大规模搬迁，防止过度开发，加强整体保护和活态传承。

第三十六条 非国有不可移动文物不得转让、抵押给外国人、外国组织或者国际组织。

非国有不可移动文物转让、抵押或者改变用途的，应当报相应的文物行政部门备案。

第三十七条 县级以上人民政府及其有关部门应当采取措施，在确保文物安全的前提下，因地制宜推动不可移动文物有效利用。

文物保护单位应当尽可能向社会开放。文物保护单位向社会开放，应当合理确定开放时间和游客承载量，并向社会公布，积极为游客提供必要的便利。

为保护不可移动文物建立的博物馆、纪念馆、文物保管所、考古遗址公园等单位，应当加强对不可移动文物价值的挖掘阐释，开展有针对性的宣传讲解。

第三十八条　使用不可移动文物，必须遵守不改变文物原状和最小干预的原则，负责保护文物本体及其附属文物的安全，不得损毁、改建、添建或者拆除不可移动文物。

对危害不可移动文物安全、破坏不可移动文物历史风貌的建筑物、构筑物，当地人民政府应当及时调查处理；必要时，对该建筑物、构筑物依法予以拆除、迁移。

第三十九条　不可移动文物的所有人或者使用人应当加强用火、用电、用气等的消防安全管理，根据不可移动文物的特点，采取有针对性的消防安全措施，提高火灾预防和应急处置能力，确保文物安全。

第四十条　省、自治区、直辖市人民政府可以将地下埋藏、水下遗存的文物分布较为集中，需要整体保护的区域划定为地下文物埋藏区、水下文物保护区，制定具体保护措施，并公告施行。

地下文物埋藏区、水下文物保护区涉及两个以上省、自治区、直辖市的，或者涉及中国领海以外由中国管辖的其他海域的，由国务院文物行政部门划定并制定具体保护措施，报国务院核定公布。

第三章　考古发掘

第四十一条　一切考古发掘工作，必须履行报批手续；从事考古发掘的单位，应当取得国务院文物行政部门颁发的考古发掘资质证书。

地下埋藏和水下遗存的文物，任何单位或者个人都不得私自发掘。

第四十二条　从事考古发掘的单位，为了科学研究进行考古发掘，应当提出发掘计划，报国务院文物行政部门批准；对全国重点文物保护单位的考古发掘计划，应当经国务院文物行政部门审核后报国务院批准。国务院文物行政部门在批准或者审核前，应当征求社会科学研究机构及其他科研机构和有关专家的意见。

第四十三条　在可能存在地下文物的区域，县级以上地方人民政府进行土地出让或者划拨前，应当由省、自治区、直辖市人民政府文物行政部门组织从事考古发掘的单位进行考古调查、勘探。可能存在地下文物的区域，由省、自治区、直辖市人民政府文物行政部门及时划定并动态调整。

进行大型基本建设工程，或者在文物保护单位的保护范围、建设控制地带内进行建设工程，未依照前款规定进行考古调查、勘探的，建设单位应当事先报请省、自治区、直辖市人民政府文物行政部门组织从事考古发掘的单位在工程范围内有可能埋藏文物的地方进行考古调查、勘探。

考古调查、勘探中发现文物的，由省、自治区、直辖市人民政府文物行政部门根据文物保护的要求与建设单位共同商定保护措施；遇有重要发现的，由省、自治区、直辖市人民政府文物行政部门及时报国务院文物行政部门处理。由此导致停工或者工期延长，造成建设单位损失的，由县级以上地方人民政府文物行政部门会同有关部门听取建设单位意见后，提出处理意见，报本级人民政府批准。

第四十四条 需要配合进行考古发掘工作的，省、自治区、直辖市人民政府文物行政部门应当在勘探工作的基础上提出发掘计划，报国务院文物行政部门批准。国务院文物行政部门在批准前，应当征求社会科学研究机构及其他科研机构和有关专家的意见。

确因建设工期紧迫或者有自然破坏危险，对古文化遗址、古墓葬急需进行抢救发掘的，由省、自治区、直辖市人民政府文物行政部门组织发掘，并同时补办审批手续。

第四十五条 凡因进行基本建设和生产建设需要的考古调查、勘探、发掘，所需费用由建设单位列入建设工程预算。

县级以上人民政府可以通过适当方式对考古调查、勘探、发掘工作给予支持。

第四十六条 在建设工程、农业生产等活动中，任何单位或者个人发现文物或者疑似文物的，应当保护现场，立即报告当地文物行政部门；文物行政部门应当在接到报告后二十四小时内赶赴现场，并在七日内提出处理意见。文物行政部门应当采取措施保护现场，必要时可以通知公安机关或者海上执法机关协助；发现重要文物的，应当立即上报国务院文物行政部门，国务院文物行政部门应当在接到报告后十五日内提出处理意见。

依照前款规定发现的文物属于国家所有，任何单位或者个人不得哄抢、私分、藏匿。

第四十七条　未经国务院文物行政部门报国务院特别许可，任何外国人、外国组织或者国际组织不得在中国境内进行考古调查、勘探、发掘。

第四十八条　考古调查、勘探、发掘的结果，应当如实报告国务院文物行政部门和省、自治区、直辖市人民政府文物行政部门。

考古发掘的文物，应当登记造册，妥善保管，按照国家有关规定及时移交给由省、自治区、直辖市人民政府文物行政部门或者国务院文物行政部门指定的国有博物馆、图书馆或者其他国有收藏文物的单位收藏。经省、自治区、直辖市人民政府文物行政部门批准，从事考古发掘的单位可以保留少量出土、出水文物作为科研标本。

考古发掘的文物和考古发掘资料，任何单位或者个人不得侵占。

第四十九条　根据保证文物安全、进行科学研究和充分发挥文物作用的需要，省、自治区、直辖市人民政府文物行政部门经本级人民政府批准，可以调用本行政区域内的出土、出水文物；国务院文物行政部门经国务院批准，可以调用全国的重要出土、出水文物。

第四章 馆藏文物

第五十条 国家鼓励和支持文物收藏单位收藏、保护可移动文物，开展文物展览展示、宣传教育和科学研究等活动。

有关部门应当在设立条件、社会服务要求、财税扶持政策等方面，公平对待国有文物收藏单位和非国有文物收藏单位。

第五十一条 博物馆、图书馆和其他文物收藏单位对其收藏的文物（以下称馆藏文物），必须按照国家有关文物定级标准区分文物等级，设置档案，建立严格的管理制度，并报主管的文物行政部门备案。

县级以上地方人民政府文物行政部门应当建立本行政区域内的馆藏文物档案；国务院文物行政部门应当建立全国馆藏一级文物档案和其主管的国有文物收藏单位馆藏文物档案。

第五十二条 文物收藏单位可以通过下列方式取得文物：

（一）购买；

（二）接受捐赠；

（三）依法交换；

（四）法律、行政法规规定的其他方式。

国有文物收藏单位还可以通过文物行政部门指定收藏或者调拨方式取得文物。

文物收藏单位应当依法履行合理注意义务，对拟征集、购买文物来源的合法性进行了解、识别。

第五十三条　文物收藏单位应当根据馆藏文物的保护需要，按照国家有关规定建立、健全管理制度，并报主管的文物行政部门备案。未经批准，任何单位或者个人不得调取馆藏文物。

文物收藏单位的法定代表人或者主要负责人对馆藏文物的安全负责。文物收藏单位的法定代表人或者主要负责人离任时，应当按照馆藏文物档案办理馆藏文物移交手续。

第五十四条　国务院文物行政部门可以调拨全国的国有馆藏文物。省、自治区、直辖市人民政府文物行政部门可以调拨本行政区域内其主管的国有文物收藏单位馆藏文物；调拨国有馆藏一级文物，应当报国务院文物行政部门备案。

国有文物收藏单位可以申请调拨国有馆藏文物。

第五十五条 文物收藏单位应当改善服务条件，提高服务水平，充分发挥馆藏文物的作用，通过举办展览、科学研究、文化创意等活动，加强对中华民族优秀的历史文化和革命传统的宣传教育；通过借用、交换、在线展览等方式，提高馆藏文物利用效率。

文物收藏单位应当为学校、科研机构开展有关教育教学、科学研究等活动提供支持和帮助。

博物馆应当按照国家有关规定向公众开放，合理确定开放时间和接待人数并向社会公布，采用多种形式提供科学、准确、生动的文字说明和讲解服务。

第五十六条 国有文物收藏单位之间因举办展览、科学研究等需借用馆藏文物的，应当报主管的文物行政部门备案；借用馆藏一级文物的，应当同时报国务院文物行政部门备案。

非国有文物收藏单位和其他单位举办展览需借用国有馆藏文物的，应当报主管的文物行政部门批准；借用国有馆藏一级文物的，应当经国务院文物行政部门批准。

文物收藏单位之间借用文物的，应当签订借用协议，协议约定的期限不得超过三年。

第五十七条 已经依照本法规定建立馆藏文物档案、管理制度的国有文物收藏单位之间可以交换馆藏文物；交换馆藏文物的，应当经省、自治区、直辖市人民政府文物行政部门批准，并报国务院文物行政部门备案。

第五十八条 未依照本法规定建立馆藏文物档案、管理制度的国有文物收藏单位，不得依照本法第五十五条至第五十七条的规定借用、交换其馆藏文物。

第五十九条 依法调拨、交换、借用馆藏文物，取得文物的文物收藏单位可以对提供文物的文物收藏单位给予合理补偿。

文物收藏单位调拨、交换、出借文物所得的补偿费用，必须用于改善文物的收藏条件和收集新的文物，不得挪作他用；任何单位或者个人不得侵占。

调拨、交换、借用的文物必须严格保管，不得丢失、损毁。

第六十条 禁止国有文物收藏单位将馆藏文物赠与、出租、出售或者抵押、质押给其他单位、个人。

第六十一条 国有文物收藏单位不再收藏的文物退出馆藏的办法，由国务院文物行政部门制定并公布。

第六十二条 修复馆藏文物,不得改变馆藏文物的原状;复制、拍摄、拓印馆藏文物,不得对馆藏文物造成损害。修复、复制、拓印馆藏二级文物和馆藏三级文物的,应当报省、自治区、直辖市人民政府文物行政部门批准;修复、复制、拓印馆藏一级文物的,应当报国务院文物行政部门批准。

不可移动文物的单体文物的修复、复制、拍摄、拓印,适用前款规定。

第六十三条 博物馆、图书馆和其他收藏文物的单位应当按照国家有关规定配备防火、防盗、防自然损坏的设施,并采取相应措施,确保收藏文物的安全。

第六十四条 馆藏一级文物损毁的,应当报国务院文物行政部门核查处理。其他馆藏文物损毁的,应当报省、自治区、直辖市人民政府文物行政部门核查处理;省、自治区、直辖市人民政府文物行政部门应当将核查处理结果报国务院文物行政部门备案。

馆藏文物被盗、被抢或者丢失的,文物收藏单位应当立即向公安机关报案,并同时向主管的文物行政部门报告。

第六十五条 文物行政部门和国有文物收藏单位的

工作人员不得借用国有文物，不得非法侵占国有文物。

第五章　民间收藏文物

第六十六条　国家鼓励公民、组织合法收藏，加强对民间收藏活动的指导、管理和服务。

第六十七条　文物收藏单位以外的公民、组织可以收藏通过下列方式取得的文物：

（一）依法继承或者接受赠与；

（二）从文物销售单位购买；

（三）通过经营文物拍卖的拍卖企业（以下称文物拍卖企业）购买；

（四）公民个人合法所有的文物相互交换或者依法转让；

（五）国家规定的其他合法方式。

文物收藏单位以外的公民、组织收藏的前款文物可以依法流通。

第六十八条　禁止买卖下列文物：

（一）国有文物，但是国家允许的除外；

（二）国有不可移动文物中的壁画、雕塑、建筑构件等，但是依法拆除的国有不可移动文物中的壁画、雕塑、

建筑构件等不属于本法第三十一条第四款规定的应由文物收藏单位收藏的除外;

(三)非国有馆藏珍贵文物;

(四)国务院有关部门通报或者公告的被盗文物以及其他来源不符合本法第六十七条规定的文物;

(五)外国政府、相关国际组织按照有关国际公约通报或者公告的流失文物。

第六十九条 国家鼓励文物收藏单位以外的公民、组织将其收藏的文物捐赠给文物收藏单位或者出借给文物收藏单位展览和研究。

文物收藏单位应当尊重并按照捐赠人的意愿,对受赠的文物妥善收藏、保管和展示。

国家禁止出境的文物,不得转让、出租、抵押、质押给境外组织或者个人。

第七十条 文物销售单位应当取得省、自治区、直辖市人民政府文物行政部门颁发的文物销售许可证。

文物销售单位不得从事文物拍卖经营活动,不得设立文物拍卖企业。

第七十一条 依法设立的拍卖企业经营文物拍卖的,应当取得省、自治区、直辖市人民政府文物行政部门颁发的文物拍卖许可证。

文物拍卖企业不得从事文物销售经营活动，不得设立文物销售单位。

第七十二条 文物行政部门的工作人员不得举办或者参与举办文物销售单位或者文物拍卖企业。

文物收藏单位及其工作人员不得举办或者参与举办文物销售单位或者文物拍卖企业。

禁止设立外商投资的文物销售单位或者文物拍卖企业。

除文物销售单位、文物拍卖企业外，其他单位或者个人不得从事文物商业经营活动。

第七十三条 文物销售单位不得销售、文物拍卖企业不得拍卖本法第六十八条规定的文物。

文物拍卖企业拍卖的文物，在拍卖前应当经省、自治区、直辖市人民政府文物行政部门依照前款规定进行审核，并报国务院文物行政部门备案。

文物销售单位销售文物、文物拍卖企业拍卖文物，应当如实表述文物的相关信息，不得进行虚假宣传。

第七十四条 省、自治区、直辖市人民政府文物行政部门应当建立文物购销、拍卖信息与信用管理系统，推动文物流通领域诚信建设。文物销售单位购买、销售文物，文物拍卖企业拍卖文物，应当按照国家有关规定作出记录，并于销售、拍卖文物后三十日内报省、自治区、直辖市人民政府文物行政部门备案。

拍卖文物时，委托人、买受人要求对其身份保密的，文物行政部门应当为其保密；法律、行政法规另有规定的除外。

第七十五条　文物行政部门在审核拟拍卖的文物时，可以指定国有文物收藏单位优先购买其中的珍贵文物。购买价格由国有文物收藏单位的代表与文物的委托人协商确定。

第七十六条　银行、冶炼厂、造纸厂以及废旧物资回收单位，应当与当地文物行政部门共同负责拣选掺杂在金银器和废旧物资中的文物。拣选文物除供银行研究所必需的历史货币可以由中国人民银行留用外，应当移交当地文物行政部门。移交拣选文物，应当给予合理补偿。

第六章　文物出境进境

第七十七条　国有文物、非国有文物中的珍贵文物和国家禁止出境的其他文物，不得出境；依照本法规定出境展览，或者因特殊需要经国务院批准出境的除外。

国家禁止出境的文物的具体范围，由国务院文物行政部门规定并公布。

第七十八条 文物出境，应当经国务院文物行政部门指定的文物进出境审核机构审核。经审核允许出境的文物，由国务院文物行政部门颁发文物出境许可证，从国务院文物行政部门指定的口岸出境。

任何单位或者个人运送、邮寄、携带文物出境，应当向海关申报；海关凭文物出境许可证放行。

第七十九条 文物出境展览，应当报国务院文物行政部门批准；一级文物超过国务院规定数量的，应当报国务院批准。

一级文物中的孤品和易损品，禁止出境展览。

出境展览的文物出境，由文物进出境审核机构审核、登记。海关凭国务院文物行政部门或者国务院的批准文件放行。出境展览的文物复进境，由原审核、登记的文物进出境审核机构审核查验。

第八十条 文物临时进境，应当向海关申报，并报文物进出境审核机构审核、登记。文物进出境审核机构发现临时进境的文物属于本法第六十八条规定的文物的，应当向国务院文物行政部门报告并通报海关。

临时进境的文物复出境，必须经原审核、登记的文物进出境审核机构审核查验；经审核查验无误的，由国务院文物行政部门颁发文物出境许可证，海关凭文物出境许可证放行。

第八十一条 国家加强文物追索返还领域的国际合作。国务院文物行政部门依法会同有关部门对因被盗、非法出境等流失境外的文物开展追索；对非法流入中国境内的外国文物，根据有关条约、协定、协议或者对等原则与相关国家开展返还合作。

国家对于因被盗、非法出境等流失境外的文物，保留收回的权利，且该权利不受时效限制。

第七章　法律责任

第八十二条 违反本法规定，地方各级人民政府和县级以上人民政府有关部门及其工作人员，以及其他依法履行公职的人员，滥用职权、玩忽职守、徇私舞弊的，对负有责任的领导人员和直接责任人员依法给予处分。

第八十三条 有下列行为之一的，由县级以上人民政府文物行政部门责令改正,给予警告;造成文物损坏或者其他严重后果的,对单位处五十万元以上五百万元以下的罚款,对个人处五万元以上五十万元以下的罚款,责令承担相关文物修缮和复原费用,由原发证机关降低资质等级;情节严重的,对单位可以处五百万元以上一千万元以下的罚款,由原发证机关吊销资质证书:

(一)擅自在文物保护单位的保护范围内进行文物保护工程以外的其他建设工程或者爆破、钻探、挖掘等作业;

(二)工程设计方案未经文物行政部门同意,擅自在文物保护单位的建设控制地带内进行建设工程;

(三)未制定不可移动文物原址保护措施,或者不可移动文物原址保护措施未经文物行政部门批准,擅自开工建设;

(四)擅自迁移、拆除不可移动文物;

(五)擅自修缮不可移动文物,明显改变文物原状;

(六)擅自在原址重建已经全部毁坏的不可移动文物;

(七)未取得文物保护工程资质证书,擅自从事文物修缮、迁移、重建;

(八)进行大型基本建设工程,或者在文物保护单位的保护范围、建设控制地带内进行建设工程，未依法进行考古调查、勘探。

损毁依照本法规定设立的不可移动文物保护标志的，由县级以上人民政府文物行政部门给予警告，可以并处五百元以下的罚款。

第八十四条 在文物保护单位的保护范围或者建设控制地带内建设污染文物保护单位及其环境的设施的，由生态环境主管部门依法给予处罚。

第八十五条 违反本法规定，有下列行为之一的，由县级以上人民政府文物行政部门责令改正，给予警告或者通报批评，没收违法所得；违法所得五千元以上的，并处违法所得二倍以上十倍以下的罚款；没有违法所得或者违法所得不足五千元的，并处一万元以上五万元以下的罚款：

（一）转让或者抵押国有不可移动文物；

（二）将建立博物馆、文物保管所或者辟为参观游览场所的国有不可移动文物改作企业资产经营，或者将其管理机构改由企业管理；

（三）将非国有不可移动文物转让或者抵押给外国人、外国组织或者国际组织；

（四）擅自改变国有文物保护单位中的纪念建筑物或者古建筑的用途。

第八十六条 历史文化名城的布局、环境、历史风貌等遭到严重破坏的，由国务院撤销其历史文化名城称号；历史文化街区、村镇的布局、环境、历史风貌等遭到严重破坏的，由省、自治区、直辖市人民政府撤销其历史文化街区、村镇称号；对负有责任的领导人员和直接责任人员依法给予处分。

第八十七条 有下列行为之一的，由县级以上人民政府文物行政部门责令改正，给予警告或者通报批评，没收违法所得；违法所得五千元以上的，并处违法所得二倍以上十倍以下的罚款；没有违法所得或者违法所得不足五千元的，可以并处五万元以下的罚款：

（一）文物收藏单位未按照国家有关规定配备防火、防盗、防自然损坏的设施；

（二）文物收藏单位法定代表人或者主要负责人离任时未按照馆藏文物档案移交馆藏文物，或者所移交的馆藏文物与馆藏文物档案不符；

（三）国有文物收藏单位将馆藏文物赠与、出租、出售或者抵押、质押给其他单位、个人；

（四）违反本法规定借用、交换馆藏文物；

（五）挪用或者侵占依法调拨、交换、出借文物所得的补偿费用。

第八十八条 买卖国家禁止买卖的文物或者将国家禁止出境的文物转让、出租、抵押、质押给境外组织或者个人的，由县级以上人民政府文物行政部门责令改正，没收违法所得、非法经营的文物；违法经营额五千元以上的，并处违法经营额二倍以上十倍以下的罚款；没有违法经营额或者违法经营额不足五千元的，并处一万元以上五万元以下的罚款。

文物销售单位、文物拍卖企业有前款规定的违法行为的，由县级以上人民政府文物行政部门没收违法所得、非法经营的文物；违法经营额三万元以上的，并处违法经营额二倍以上十倍以下的罚款；没有违法经营额或者违法经营额不足三万元的，并处五万元以上二十五万元以下的罚款；情节严重的，由原发证机关吊销许可证书。

第八十九条 未经许可擅自从事文物商业经营活动的，由县级以上人民政府文物行政部门责令改正，给予警告或者通报批评，没收违法所得、非法经营的文物；违法经营额三万元以上的，并处违法经营额二倍以上十倍以下的罚款；没有违法经营额或者违法经营额不足三万元的，并处五万元以上二十五万元以下的罚款。

第九十条　有下列情形之一的，由县级以上人民政府文物行政部门责令改正，给予警告或者通报批评，没收违法所得、非法经营的文物；违法经营额三万元以上的，并处违法经营额二倍以上十倍以下的罚款；没有违法经营额或者违法经营额不足三万元的，并处五万元以上二十五万元以下的罚款；情节严重的，由原发证机关吊销许可证书：

（一）文物销售单位从事文物拍卖经营活动；

（二）文物拍卖企业从事文物销售经营活动；

（三）文物拍卖企业拍卖的文物，未经审核；

（四）文物收藏单位从事文物商业经营活动；

（五）文物销售单位、文物拍卖企业知假售假、知假拍假或者进行虚假宣传。

第九十一条　有下列行为之一的，由县级以上人民政府文物行政部门会同公安机关、海上执法机关追缴文物，给予警告；情节严重的，对单位处十万元以上三百万元以下的罚款，对个人处五千元以上五万元以下的罚款：

（一）发现文物隐匿不报或者拒不上交；

（二）未按照规定移交拣选文物。

第九十二条 文物进出境未依照本法规定申报的，由海关或者海上执法机关依法给予处罚。

第九十三条 有下列行为之一的，由县级以上人民政府文物行政部门责令改正；情节严重的，对单位处十万元以上三百万元以下的罚款，限制业务活动或者由原发证机关吊销许可证书，对个人处五千元以上五万元以下的罚款：

（一）改变国有未定级不可移动文物的用途，未依照本法规定报告；

（二）转让、抵押非国有不可移动文物或者改变其用途，未依照本法规定备案；

（三）国有不可移动文物的使用人具备修缮能力但拒不依法履行修缮义务；

（四）从事考古发掘的单位未经批准擅自进行考古发掘，或者不如实报告考古调查、勘探、发掘结果，或者未按照规定移交考古发掘的文物；

（五）文物收藏单位未按照国家有关规定建立馆藏文物档案、管理制度，或者未将馆藏文物档案、管理制度备案；

（六）未经批准擅自调取馆藏文物；

（七）未经批准擅自修复、复制、拓印文物；

（八）馆藏文物损毁未报文物行政部门核查处理，或者馆藏文物被盗、被抢或者丢失，文物收藏单位未及时向公安机关或者文物行政部门报告；

（九）文物销售单位销售文物或者文物拍卖企业拍卖文物，未按照国家有关规定作出记录或者未将所作记录报文物行政部门备案。

第九十四条 文物行政部门、文物收藏单位、文物销售单位、文物拍卖企业的工作人员，有下列行为之一的，依法给予处分；情节严重的，依法开除公职或者吊销其从业资格证书：

（一）文物行政部门和国有文物收藏单位的工作人员借用或者非法侵占国有文物；

（二）文物行政部门、文物收藏单位的工作人员举办或者参与举办文物销售单位或者文物拍卖企业；

（三）因不负责任造成文物保护单位、珍贵文物损毁或者流失；

（四）贪污、挪用文物保护经费。

前款被开除公职或者被吊销从业资格证书的人员，

自被开除公职或者被吊销从业资格证书之日起十年内不得担任文物管理人员或者从事文物经营活动。

第九十五条 单位违反本法规定受到行政处罚，情节严重的，对单位直接负责的主管人员和其他直接责任人员处五千元以上五万元以下的罚款。

第九十六条 违反本法规定，损害他人民事权益的，依法承担民事责任；构成违反治安管理行为的，由公安机关依法给予治安管理处罚；构成犯罪的，依法追究刑事责任。

第九十七条 县级以上人民政府文物行政部门依法实施监督检查，可以采取下列措施：

（一）进入现场进行检查；

（二）查阅、复制有关文件资料，询问有关人员，对可能被转移、销毁或者篡改的文件资料予以封存；

（三）查封、扣押涉嫌违法活动的场所、设施或者财物；

（四）责令行为人停止侵害文物的行为。

第九十八条 监察委员会、人民法院、人民检察院、公安机关、海关、市场监督管理部门和海上执法机关依法没收的文物应当登记造册，妥善保管，结案后无偿移交文物行政部门，由文物行政部门指定的国有文物收藏单位收藏。

第九十九条 因违反本法规定造成文物严重损害或者存在严重损害风险，致使社会公共利益受到侵害的，人民检察院可以依照有关诉讼法的规定提起公益诉讼。

第八章 附　　则

第一百条 文物保护有关行政许可的条件、期限等，本法未作规定的，适用《中华人民共和国行政许可法》和有关法律、行政法规的规定。

第一百零一条 本法自2025年3月1日起施行。

中华人民共和国刑法（节录）

（1979年7月1日第五届全国人民代表大会第二次会议通过 1997年3月14日第八届全国人民代表大会第五次会议修订 根据1998年12月29日第九届全国人民代表大会常务委员会第六次会议通过的《全国人民代表大会常务委员会关于惩治骗购外汇、逃汇和非法买卖外汇犯罪的决定》、1999年12月25日第九届全国人民代表大会常务委员会第十三次会议通过的《中华人民共和国刑法修正案》、2001年8月31日第九届全国人民代表大会常务委员会第二十三次会议通过的《中华人民共和国刑法修正案（二）》、2001年12月29日第九届全国人民代表大会常务委员会第二十五次会议通过的《中华人民共和国刑法修正案（三）》、2002年12月28日第九届全国人民代表大会常务委员会第三十一次会议通过的《中华人民共和国刑法修正案（四）》、

2005年2月28日第十届全国人民代表大会常务委员会第十四次会议通过的《中华人民共和国刑法修正案（五）》、2006年6月29日第十届全国人民代表大会常务委员会第二十二次会议通过的《中华人民共和国刑法修正案（六）》、2009年2月28日第十一届全国人民代表大会常务委员会第七次会议通过的《中华人民共和国刑法修正案（七）》、2009年8月27日第十一届全国人民代表大会常务委员会第十次会议通过的《全国人民代表大会常务委员会关于修改部分法律的决定》、2011年2月25日第十一届全国人民代表大会常务委员会第十九次会议通过的《中华人民共和国刑法修正案（八）》、2015年8月29日第十二届全国人民代表大会常务委员会第十六次会议通过的《中华人民共和国刑法修正案（九）》、2017年11月4日第十二届全国人民代表大会常务委员会第三十次会议通过的《中华人民共和国刑法修正案（十）》、2020年12月26日第十三届全国人民代表大会常务委员会第二十四次会议通过的《中华人民共和国刑法修正案

（十一）》和 2023 年 12 月 29 日第十四届全国人民代表大会常务委员会第七次会议通过的《中华人民共和国刑法修正案（十二）》修正)①

……

第二编 分 则

……

第六章 妨害社会管理秩序罪

……

第四节 妨害文物管理罪

……

第三百二十九条 抢夺、窃取国家所有的档案的，处五年以下有期徒刑或者拘役。

违反档案法的规定，擅自出卖、转让国家所有的档案，情节严重的，处三年以下有期徒刑或者拘役。

---

① 刑法、历次刑法修正案、涉及修改刑法的决定的施行日期，分别依据各法律所规定的施行日期确定。

有前两款行为，同时又构成本法规定的其他犯罪的，依照处罚较重的规定定罪处罚。

……

中华人民共和国政府信息公开条例

(2007年4月5日中华人民共和国国务院令第492号公布 2019年4月3日中华人民共和国国务院令第711号修订 自2019年5月15日起施行)

第一章 总 则

第一条 为了保障公民、法人和其他组织依法获取政府信息,提高政府工作的透明度,建设法治政府,充分发挥政府信息对人民群众生产、生活和经济社会活动的服务作用,制定本条例。

第二条 本条例所称政府信息,是指行政机关在履行行政管理职能过程中制作或者获取的,以一定形式记录、保存的信息。

第三条 各级人民政府应当加强对政府信息公开工作的组织领导。

国务院办公厅是全国政府信息公开工作的主管部门,

负责推进、指导、协调、监督全国的政府信息公开工作。

县级以上地方人民政府办公厅（室）是本行政区域的政府信息公开工作主管部门，负责推进、指导、协调、监督本行政区域的政府信息公开工作。

实行垂直领导的部门的办公厅（室）主管本系统的政府信息公开工作。

第四条 各级人民政府及县级以上人民政府部门应当建立健全本行政机关的政府信息公开工作制度，并指定机构（以下统称政府信息公开工作机构）负责本行政机关政府信息公开的日常工作。

政府信息公开工作机构的具体职能是：

（一）办理本行政机关的政府信息公开事宜；

（二）维护和更新本行政机关公开的政府信息；

（三）组织编制本行政机关的政府信息公开指南、政府信息公开目录和政府信息公开工作年度报告；

（四）组织开展对拟公开政府信息的审查；

（五）本行政机关规定的与政府信息公开有关的其他职能。

第五条 行政机关公开政府信息，应当坚持以公开为常态、不公开为例外，遵循公正、公平、合法、便民的原则。

第六条 行政机关应当及时、准确地公开政府信息。

行政机关发现影响或者可能影响社会稳定、扰乱社会和经济管理秩序的虚假或者不完整信息的，应当发布准确的政府信息予以澄清。

第七条 各级人民政府应当积极推进政府信息公开工作，逐步增加政府信息公开的内容。

第八条 各级人民政府应当加强政府信息资源的规范化、标准化、信息化管理，加强互联网政府信息公开平台建设，推进政府信息公开平台与政务服务平台融合，提高政府信息公开在线办理水平。

第九条 公民、法人和其他组织有权对行政机关的政府信息公开工作进行监督，并提出批评和建议。

第二章 公开的主体和范围

第十条 行政机关制作的政府信息，由制作该政府信息的行政机关负责公开。行政机关从公民、法人和其他组织获取的政府信息，由保存该政府信息的行政机关负责公开；行政机关获取的其他行政机关的政府信息，由制作或者最初获取该政府信息的行政机关负责公开。

法律、法规对政府信息公开的权限另有规定的,从其规定。

行政机关设立的派出机构、内设机构依照法律、法规对外以自己名义履行行政管理职能的,可以由该派出机构、内设机构负责与所履行行政管理职能有关的政府信息公开工作。

两个以上行政机关共同制作的政府信息,由牵头制作的行政机关负责公开。

第十一条 行政机关应当建立健全政府信息公开协调机制。行政机关公开政府信息涉及其他机关的,应当与有关机关协商、确认,保证行政机关公开的政府信息准确一致。

行政机关公开政府信息依照法律、行政法规和国家有关规定需要批准的,经批准予以公开。

第十二条 行政机关编制、公布的政府信息公开指南和政府信息公开目录应当及时更新。

政府信息公开指南包括政府信息的分类、编排体系、获取方式和政府信息公开工作机构的名称、办公地址、办公时间、联系电话、传真号码、互联网联系方式等内容。

政府信息公开目录包括政府信息的索引、名称、内容概述、生成日期等内容。

第十三条 除本条例第十四条、第十五条、第十六条规定的政府信息外，政府信息应当公开。

行政机关公开政府信息，采取主动公开和依申请公开的方式。

第十四条 依法确定为国家秘密的政府信息，法律、行政法规禁止公开的政府信息，以及公开后可能危及国家安全、公共安全、经济安全、社会稳定的政府信息，不予公开。

第十五条 涉及商业秘密、个人隐私等公开会对第三方合法权益造成损害的政府信息，行政机关不得公开。但是，第三方同意公开或者行政机关认为不公开会对公共利益造成重大影响的，予以公开。

第十六条 行政机关的内部事务信息，包括人事管理、后勤管理、内部工作流程等方面的信息，可以不予公开。

行政机关在履行行政管理职能过程中形成的讨论记录、过程稿、磋商信函、请示报告等过程性信息以及行政执法案卷信息，可以不予公开。法律、法规、规章规定上述信息应当公开的，从其规定。

第十七条　行政机关应当建立健全政府信息公开审查机制，明确审查的程序和责任。

行政机关应当依照《中华人民共和国保守国家秘密法》以及其他法律、法规和国家有关规定对拟公开的政府信息进行审查。

行政机关不能确定政府信息是否可以公开的，应当依照法律、法规和国家有关规定报有关主管部门或者保密行政管理部门确定。

第十八条　行政机关应当建立健全政府信息管理动态调整机制，对本行政机关不予公开的政府信息进行定期评估审查，对因情势变化可以公开的政府信息应当公开。

第三章　主　动　公　开

第十九条　对涉及公众利益调整、需要公众广泛知晓或者需要公众参与决策的政府信息，行政机关应当主动公开。

第二十条　行政机关应当依照本条例第十九条的规定，主动公开本行政机关的下列政府信息：

（一）行政法规、规章和规范性文件；

（二）机关职能、机构设置、办公地址、办公时间、联系方式、负责人姓名；

（三）国民经济和社会发展规划、专项规划、区域规划及相关政策；

（四）国民经济和社会发展统计信息；

（五）办理行政许可和其他对外管理服务事项的依据、条件、程序以及办理结果；

（六）实施行政处罚、行政强制的依据、条件、程序以及本行政机关认为具有一定社会影响的行政处罚决定；

（七）财政预算、决算信息；

（八）行政事业性收费项目及其依据、标准；

（九）政府集中采购项目的目录、标准及实施情况；

（十）重大建设项目的批准和实施情况；

（十一）扶贫、教育、医疗、社会保障、促进就业等方面的政策、措施及其实施情况；

（十二）突发公共事件的应急预案、预警信息及应对情况；

（十三）环境保护、公共卫生、安全生产、食品药品、产品质量的监督检查情况；

（十四）公务员招考的职位、名额、报考条件等事项以及录用结果；

（十五）法律、法规、规章和国家有关规定规定应当主动公开的其他政府信息。

第二十一条　除本条例第二十条规定的政府信息外，设区的市级、县级人民政府及其部门还应当根据本地方的具体情况，主动公开涉及市政建设、公共服务、公益事业、土地征收、房屋征收、治安管理、社会救助等方面的政府信息；乡（镇）人民政府还应当根据本地方的具体情况，主动公开贯彻落实农业农村政策、农田水利工程建设运营、农村土地承包经营权流转、宅基地使用情况审核、土地征收、房屋征收、筹资筹劳、社会救助等方面的政府信息。

第二十二条　行政机关应当依照本条例第二十条、第二十一条的规定，确定主动公开政府信息的具体内容，并按照上级行政机关的部署，不断增加主动公开的内容。

第二十三条　行政机关应当建立健全政府信息发布机制，将主动公开的政府信息通过政府公报、政府网站或者其他互联网政务媒体、新闻发布会以及报刊、广播、电视等途径予以公开。

第二十四条 各级人民政府应当加强依托政府门户网站公开政府信息的工作，利用统一的政府信息公开平台集中发布主动公开的政府信息。政府信息公开平台应当具备信息检索、查阅、下载等功能。

第二十五条 各级人民政府应当在国家档案馆、公共图书馆、政务服务场所设置政府信息查阅场所，并配备相应的设施、设备，为公民、法人和其他组织获取政府信息提供便利。

行政机关可以根据需要设立公共查阅室、资料索取点、信息公告栏、电子信息屏等场所、设施，公开政府信息。

行政机关应当及时向国家档案馆、公共图书馆提供主动公开的政府信息。

第二十六条 属于主动公开范围的政府信息，应当自该政府信息形成或者变更之日起20个工作日内及时公开。法律、法规对政府信息公开的期限另有规定的，从其规定。

第四章 依申请公开

第二十七条 除行政机关主动公开的政府信息外，

公民、法人或者其他组织可以向地方各级人民政府、对外以自己名义履行行政管理职能的县级以上人民政府部门（含本条例第十条第二款规定的派出机构、内设机构）申请获取相关政府信息。

第二十八条　本条例第二十七条规定的行政机关应当建立完善政府信息公开申请渠道，为申请人依法申请获取政府信息提供便利。

第二十九条　公民、法人或者其他组织申请获取政府信息的，应当向行政机关的政府信息公开工作机构提出，并采用包括信件、数据电文在内的书面形式；采用书面形式确有困难的，申请人可以口头提出，由受理该申请的政府信息公开工作机构代为填写政府信息公开申请。

政府信息公开申请应当包括下列内容：

（一）申请人的姓名或者名称、身份证明、联系方式；

（二）申请公开的政府信息的名称、文号或者便于行政机关查询的其他特征性描述；

（三）申请公开的政府信息的形式要求，包括获取信息的方式、途径。

第三十条　政府信息公开申请内容不明确的，行政机关应当给予指导和释明，并自收到申请之日起7个工作日内一次性告知申请人作出补正，说明需要补正的事项和合理的补正期限。答复期限自行政机关收到补正的申请之日起计算。申请人无正当理由逾期不补正的，视为放弃申请，行政机关不再处理该政府信息公开申请。

第三十一条　行政机关收到政府信息公开申请的时间，按照下列规定确定：

（一）申请人当面提交政府信息公开申请的，以提交之日为收到申请之日；

（二）申请人以邮寄方式提交政府信息公开申请的，以行政机关签收之日为收到申请之日；以平常信函等无需签收的邮寄方式提交政府信息公开申请的，政府信息公开工作机构应当于收到申请的当日与申请人确认，确认之日为收到申请之日；

（三）申请人通过互联网渠道或者政府信息公开工作机构的传真提交政府信息公开申请的，以双方确认之日为收到申请之日。

第三十二条　依申请公开的政府信息公开会损害第三方合法权益的，行政机关应当书面征求第三方的意见。第三方应当自收到征求意见书之日起15个工作日内提出意见。第三方逾期未提出意见的，由行政机关依照本条例的规定决定是否公开。第三方不同意公开且有合理理由的,行政机关不予公开。行政机关认为不公开可能对公共利益造成重大影响的,可以决定予以公开,并将决定公开的政府信息内容和理由书面告知第三方。

第三十三条 行政机关收到政府信息公开申请,能够当场答复的,应当当场予以答复。

行政机关不能当场答复的,应当自收到申请之日起20个工作日内予以答复;需要延长答复期限的,应当经政府信息公开工作机构负责人同意并告知申请人,延长的期限最长不得超过20个工作日。

行政机关征求第三方和其他机关意见所需时间不计算在前款规定的期限内。

第三十四条 申请公开的政府信息由两个以上行政机关共同制作的,牵头制作的行政机关收到政府信息公开申请后可以征求相关行政机关的意见,被征求意见机关应当自收到征求意见书之日起15个工作日内提出意见,逾期未提出意见的视为同意公开。

第三十五条 申请人申请公开政府信息的数量、频次明显超过合理范围,行政机关可以要求申请人说明理由。行政机关认为申请理由不合理的,告知申请人不予处理；行政机关认为申请理由合理，但是无法在本条例第三十三条规定的期限内答复申请人的，可以确定延迟答复的合理期限并告知申请人。

第三十六条 对政府信息公开申请，行政机关根据下列情况分别作出答复：

（一）所申请公开信息已经主动公开的，告知申请人获取该政府信息的方式、途径；

（二）所申请公开信息可以公开的，向申请人提供该政府信息，或者告知申请人获取该政府信息的方式、途径和时间；

（三）行政机关依据本条例的规定决定不予公开的，告知申请人不予公开并说明理由；

（四）经检索没有所申请公开信息的，告知申请人该政府信息不存在；

（五）所申请公开信息不属于本行政机关负责公开的，告知申请人并说明理由；能够确定负责公开该政府信息的行政机关的，告知申请人该行政机关的名称、联系方式；

（六）行政机关已就申请人提出的政府信息公开申请作出答复、申请人重复申请公开相同政府信息的，告知申请人不予重复处理；

（七）所申请公开信息属于工商、不动产登记资料等信息，有关法律、行政法规对信息的获取有特别规定的，告知申请人依照有关法律、行政法规的规定办理。

第三十七条 申请公开的信息中含有不应当公开或者不属于政府信息的内容，但是能够作区分处理的，行政机关应当向申请人提供可以公开的政府信息内容，并对不予公开的内容说明理由。

第三十八条 行政机关向申请人提供的信息，应当是已制作或者获取的政府信息。除依照本条例第三十七条的规定能够作区分处理的外，需要行政机关对现有政府信息进行加工、分析的，行政机关可以不予提供。

第三十九条 申请人以政府信息公开申请的形式进行信访、投诉、举报等活动，行政机关应当告知申请人不作为政府信息公开申请处理并可以告知通过相应渠道提出。

申请人提出的申请内容为要求行政机关提供政府公报、报刊、书籍等公开出版物的，行政机关可以告知获取的途径。

第四十条 行政机关依申请公开政府信息，应当根据申请人的要求及行政机关保存政府信息的实际情况，确定提供政府信息的具体形式；按照申请人要求的形式提供政府信息，可能危及政府信息载体安全或者公开成本过高的，可以通过电子数据以及其他适当形式提供，或者安排申请人查阅、抄录相关政府信息。

第四十一条 公民、法人或者其他组织有证据证明行政机关提供的与其自身相关的政府信息记录不准确的，可以要求行政机关更正。有权更正的行政机关审核属实的，应当予以更正并告知申请人；不属于本行政机关职能范围的，行政机关可以转送有权更正的行政机关处理并告知申请人，或者告知申请人向有权更正的行政机关提出。

第四十二条 行政机关依申请提供政府信息，不收取费用。但是，申请人申请公开政府信息的数量、频次明显超过合理范围的，行政机关可以收取信息处理费。

行政机关收取信息处理费的具体办法由国务院价格主管部门会同国务院财政部门、全国政府信息公开工作主管部门制定。

第四十三条 申请公开政府信息的公民存在阅读困难或者视听障碍的，行政机关应当为其提供必要的帮助。

第四十四条 多个申请人就相同政府信息向同一行政机关提出公开申请，且该政府信息属于可以公开的，行政机关可以纳入主动公开的范围。

对行政机关依申请公开的政府信息,申请人认为涉及公众利益调整、需要公众广泛知晓或者需要公众参与决策的,可以建议行政机关将该信息纳入主动公开的范围。行政机关经审核认为属于主动公开范围的,应当及时主动公开。

第四十五条　行政机关应当建立健全政府信息公开申请登记、审核、办理、答复、归档的工作制度,加强工作规范。

第五章　监督和保障

第四十六条　各级人民政府应当建立健全政府信息公开工作考核制度、社会评议制度和责任追究制度,定期对政府信息公开工作进行考核、评议。

第四十七条　政府信息公开工作主管部门应当加强对政府信息公开工作的日常指导和监督检查,对行政机关未按照要求开展政府信息公开工作的,予以督促整改或者通报批评;需要对负有责任的领导人员和直接责任人员追究责任的,依法向有权机关提出处理建议。

公民、法人或者其他组织认为行政机关未按照要求主动公开政府信息或者对政府信息公开申请不依法答复处理的,可以向政府信息公开工作主管部门提出。政府信息公开工作主管部门查证属实的,应当予以督促整改或者通报批评。

第四十八条 政府信息公开工作主管部门应当对行政机关的政府信息公开工作人员定期进行培训。

第四十九条 县级以上人民政府部门应当在每年 1 月 31 日前向本级政府信息公开工作主管部门提交本行政机关上一年度政府信息公开工作年度报告并向社会公布。

县级以上地方人民政府的政府信息公开工作主管部门应当在每年 3 月 31 日前向社会公布本级政府上一年度政府信息公开工作年度报告。

第五十条 政府信息公开工作年度报告应当包括下列内容:

(一)行政机关主动公开政府信息的情况;

(二)行政机关收到和处理政府信息公开申请的情况;

(三)因政府信息公开工作被申请行政复议、提起行政诉讼的情况;

(四)政府信息公开工作存在的主要问题及改进情况,各级人民政府的政府信息公开工作年度报告还应当包括工作考核、社会评议和责任追究结果情况；

（五）其他需要报告的事项。

全国政府信息公开工作主管部门应当公布政府信息公开工作年度报告统一格式，并适时更新。

第五十一条 公民、法人或者其他组织认为行政机关在政府信息公开工作中侵犯其合法权益的，可以向上一级行政机关或者政府信息公开工作主管部门投诉、举报，也可以依法申请行政复议或者提起行政诉讼。

第五十二条 行政机关违反本条例的规定，未建立健全政府信息公开有关制度、机制的，由上一级行政机关责令改正；情节严重的，对负有责任的领导人员和直接责任人员依法给予处分。

第五十三条 行政机关违反本条例的规定，有下列情形之一的，由上一级行政机关责令改正；情节严重的，对负有责任的领导人员和直接责任人员依法给予处分；构成犯罪的，依法追究刑事责任：

（一）不依法履行政府信息公开职能；

（二）不及时更新公开的政府信息内容、政府信息公开指南和政府信息公开目录；

（三）违反本条例规定的其他情形。

第六章 附 则

第五十四条 法律、法规授权的具有管理公共事务职能的组织公开政府信息的活动,适用本条例。

第五十五条 教育、卫生健康、供水、供电、供气、供热、环境保护、公共交通等与人民群众利益密切相关的公共企事业单位,公开在提供社会公共服务过程中制作、获取的信息,依照相关法律、法规和国务院有关主管部门或者机构的规定执行。全国政府信息公开工作主管部门根据实际需要可以制定专门的规定。

前款规定的公共企事业单位未依照相关法律、法规和国务院有关主管部门或者机构的规定公开在提供社会公共服务过程中制作、获取的信息,公民、法人或者其他组织可以向有关主管部门或者机构申诉,接受申诉的部门或者机构应当及时调查处理并将处理结果告知申诉人。

第五十六条 本条例自 2019 年 5 月 15 日起施行。

博物馆条例

(2015年1月14日国务院第78次常务会议通过 2015年2月9日中华人民共和国国务院令第659号公布 自2015年3月20日起施行)

第一章 总 则

第一条 为了促进博物馆事业发展，发挥博物馆功能，满足公民精神文化需求，提高公民思想道德和科学文化素质，制定本条例。

第二条 本条例所称博物馆，是指以教育、研究和欣赏为目的，收藏、保护并向公众展示人类活动和自然环境的见证物，经登记管理机关依法登记的非营利组织。

博物馆包括国有博物馆和非国有博物馆。利用或者主要利用国有资产设立的博物馆为国有博物馆；利用或者主要利用非国有资产设立的博物馆为非国有博物馆。

国家在博物馆的设立条件、提供社会服务、规范管理、专业技术职称评定、财税扶持政策等方面，公平对待国有和非国有博物馆。

第三条 博物馆开展社会服务应当坚持为人民服务、为社会主义服务的方向和贴近实际、贴近生活、贴近群众的原则,丰富人民群众精神文化生活。

第四条 国家制定博物馆事业发展规划,完善博物馆体系。

国家鼓励企业、事业单位、社会团体和公民等社会力量依法设立博物馆。

第五条 国有博物馆的正常运行经费列入本级财政预算;非国有博物馆的举办者应当保障博物馆的正常运行经费。

国家鼓励设立公益性基金为博物馆提供经费,鼓励博物馆多渠道筹措资金促进自身发展。

第六条 博物馆依法享受税收优惠。

依法设立博物馆或者向博物馆提供捐赠的,按照国家有关规定享受税收优惠。

第七条 国家文物主管部门负责全国博物馆监督管理工作。国务院其他有关部门在各自职责范围内负责有关的博物馆管理工作。

县级以上地方人民政府文物主管部门负责本行政区

域的博物馆监督管理工作。县级以上地方人民政府其他有关部门在各自职责范围内负责本行政区域内有关的博物馆管理工作。

第八条 博物馆行业组织应当依法制定行业自律规范，维护会员的合法权益，指导、监督会员的业务活动，促进博物馆事业健康发展。

第九条 对为博物馆事业作出突出贡献的组织或者个人，按照国家有关规定给予表彰、奖励。

第二章 博物馆的设立、变更与终止

第十条 设立博物馆，应当具备下列条件：

（一）固定的馆址以及符合国家规定的展室、藏品保管场所；

（二）相应数量的藏品以及必要的研究资料，并能够形成陈列展览体系；

（三）与其规模和功能相适应的专业技术人员；

（四）必要的办馆资金和稳定的运行经费来源；

（五）确保观众人身安全的设施、制度及应急预案。

博物馆馆舍建设应当坚持新建馆舍和改造现有建筑相结合，鼓励利用名人故居、工业遗产等作为博物馆馆舍。新建、改建馆舍应当提高藏品展陈和保管面积占总面积的比重。

第十一条 设立博物馆，应当制定章程。博物馆章程应当包括下列事项：

（一）博物馆名称、馆址；

（二）办馆宗旨及业务范围；

（三）组织管理制度，包括理事会或者其他形式决策机构的产生办法、人员构成、任期、议事规则等；

（四）藏品展示、保护、管理、处置的规则；

（五）资产管理和使用规则；

（六）章程修改程序；

（七）终止程序和终止后资产的处理；

（八）其他需要由章程规定的事项。

第十二条 国有博物馆的设立、变更、终止依照有关事业单位登记管理法律、行政法规的规定办理，并应当向馆址所在地省、自治区、直辖市人民政府文物主管部门备案。

第十三条 藏品属于古生物化石的博物馆，其设立、变更、终止应当遵守有关古生物化石保护法律、行政法规的规定，并向馆址所在地省、自治区、直辖市人民政府文物主管部门备案。

第十四条 设立藏品不属于古生物化石的非国有博物馆的,应当向馆址所在地省、自治区、直辖市人民政府文物主管部门备案,并提交下列材料:

(一)博物馆章程草案;

(二)馆舍所有权或者使用权证明,展室和藏品保管场所的环境条件符合藏品展示、保护、管理需要的论证材料;

(三)藏品目录、藏品概述及藏品合法来源说明;

(四)出资证明或者验资报告;

(五)专业技术人员和管理人员的基本情况;

(六)陈列展览方案。

第十五条 设立藏品不属于古生物化石的非国有博物馆的,应当到有关登记管理机关依法办理法人登记手续。

前款规定的非国有博物馆变更、终止的,应当到有关登记管理机关依法办理变更登记、注销登记,并向馆址所在地省、自治区、直辖市人民政府文物主管部门备案。

第十六条 省、自治区、直辖市人民政府文物主管部门应当及时公布本行政区域内已备案的博物馆名称、地址、联系方式、主要藏品等信息。

第三章 博物馆管理

第十七条 博物馆应当完善法人治理结构，建立健全有关组织管理制度。

第十八条 博物馆专业技术人员按照国家有关规定评定专业技术职称。

第十九条 博物馆依法管理和使用的资产，任何组织或者个人不得侵占。

博物馆不得从事文物等藏品的商业经营活动。博物馆从事其他商业经营活动，不得违反办馆宗旨，不得损害观众利益。博物馆从事其他商业经营活动的具体办法由国家文物主管部门制定。

第二十条 博物馆接受捐赠的，应当遵守有关法律、行政法规的规定。

博物馆可以依法以举办者或者捐赠者的姓名、名称命名博物馆的馆舍或者其他设施；非国有博物馆还可以依法以举办者或者捐赠者的姓名、名称作为博物馆馆名。

第二十一条 博物馆可以通过购买、接受捐赠、依法交换等法律、行政法规规定的方式取得藏品，不得取得来源不明或者来源不合法的藏品。

第二十二条 博物馆应当建立藏品账目及档案。藏品属于文物的，应当区分文物等级，单独设置文物档案，建立严格的管理制度，并报文物主管部门备案。

未依照前款规定建账、建档的藏品，不得交换或者出借。

第二十三条 博物馆法定代表人对藏品安全负责。

博物馆法定代表人、藏品管理人员离任前，应当办结藏品移交手续。

第二十四条 博物馆应当加强对藏品的安全管理，定期对保障藏品安全的设备、设施进行检查、维护，保证其正常运行。对珍贵藏品和易损藏品应当设立专库或者专用设备保存，并由专人负责保管。

第二十五条 博物馆藏品属于国有文物、非国有文物中的珍贵文物和国家规定禁止出境的其他文物的，不得出境，不得转让、出租、质押给外国人。

国有博物馆藏品属于文物的，不得赠与、出租或者出售给其他单位和个人。

第二十六条 博物馆终止的，应当依照有关非营利组织法律、行政法规的规定处理藏品；藏品属于国家禁止买卖的文物的，应当依照有关文物保护法律、行政法规的规定处理。

第二十七条 博物馆藏品属于文物或者古生物化石的，其取得、保护、管理、展示、处置、进出境等还应当分别遵守有关文物保护、古生物化石保护的法律、行政法规的规定。

第四章 博物馆社会服务

第二十八条 博物馆应当自取得登记证书之日起6个月内向公众开放。

第二十九条 博物馆应当向公众公告具体开放时间。在国家法定节假日和学校寒暑假期间，博物馆应当开放。

第三十条 博物馆举办陈列展览，应当遵守下列规定：

（一）主题和内容应当符合宪法所确定的基本原则和维护国家安全与民族团结、弘扬爱国主义、倡导科学精神、普及科学知识、传播优秀文化、培养良好风尚、促进社会和谐、推动社会文明进步的要求；

（二）与办馆宗旨相适应，突出藏品特色；

（三）运用适当的技术、材料、工艺和表现手法，达

到形式与内容的和谐统一;

（四）展品以原件为主,使用复制品、仿制品应当明示;

（五）采用多种形式提供科学、准确、生动的文字说明和讲解服务;

（六）法律、行政法规的其他有关规定。

陈列展览的主题和内容不适宜未成年人的,博物馆不得接纳未成年人。

第三十一条　博物馆举办陈列展览的,应当在陈列展览开始之日10个工作日前,将陈列展览主题、展品说明、讲解词等向陈列展览举办地的文物主管部门或者其他有关部门备案。

各级人民政府文物主管部门和博物馆行业组织应当加强对博物馆陈列展览的指导和监督。

第三十二条　博物馆应当配备适当的专业人员,根据不同年龄段的未成年人接受能力进行讲解;学校寒暑假期间,具备条件的博物馆应当增设适合学生特点的陈列展览项目。

第三十三条　国家鼓励博物馆向公众免费开放。县级以上人民政府应当对向公众免费开放的博物馆给予必要的经费支持。

博物馆未实行免费开放的，其门票、收费的项目和标准按照国家有关规定执行，并在收费地点的醒目位置予以公布。

博物馆未实行免费开放的，应当对未成年人、成年学生、教师、老年人、残疾人和军人等实行免费或者其他优惠。博物馆实行优惠的项目和标准应当向公众公告。

第三十四条　博物馆应当根据自身特点、条件，运用现代信息技术，开展形式多样、生动活泼的社会教育和服务活动，参与社区文化建设和对外文化交流与合作。

国家鼓励博物馆挖掘藏品内涵，与文化创意、旅游等产业相结合，开发衍生产品，增强博物馆发展能力。

第三十五条　国务院教育行政部门应当会同国家文物主管部门，制定利用博物馆资源开展教育教学、社会实践活动的政策措施。

地方各级人民政府教育行政部门应当鼓励学校结合课程设置和教学计划，组织学生到博物馆开展学习实践活动。

博物馆应当对学校开展各类相关教育教学活动提供支持和帮助。

第三十六条 博物馆应当发挥藏品优势，开展相关专业领域的理论及应用研究，提高业务水平，促进专业人才的成长。

博物馆应当为高等学校、科研机构和专家学者等开展科学研究工作提供支持和帮助。

第三十七条 公众应当爱护博物馆展品、设施及环境，不得损坏博物馆的展品、设施。

第三十八条 博物馆行业组织可以根据博物馆的教育、服务及藏品保护、研究和展示水平，对博物馆进行评估。具体办法由国家文物主管部门会同其他有关部门制定。

第五章 法 律 责 任

第三十九条 博物馆取得来源不明或者来源不合法的藏品，或者陈列展览的主题、内容造成恶劣影响的，由省、自治区、直辖市人民政府文物主管部门或者有关登记管理机关按照职责分工，责令改正，有违法所得的，没收违法所得，并处违法所得 2 倍以上 5 倍以下罚款；没有违法所得的，处 5000 元以上 2 万元以下罚款；情节严重的，由登记管理机关撤销登记。

第四十条 博物馆从事文物藏品的商业经营活动的,由工商行政管理部门依照有关文物保护法律、行政法规的规定处罚。

博物馆从事非文物藏品的商业经营活动,或者从事其他商业经营活动违反办馆宗旨、损害观众利益的,由省、自治区、直辖市人民政府文物主管部门或者有关登记管理机关按照职责分工,责令改正,有违法所得的,没收违法所得,并处违法所得2倍以上5倍以下罚款;没有违法所得的,处5000元以上2万元以下罚款;情节严重的,由登记管理机关撤销登记。

第四十一条 博物馆自取得登记证书之日起6个月内未向公众开放,或者未依照本条例的规定实行免费或者其他优惠的,由省、自治区、直辖市人民政府文物主管部门责令改正;拒不改正的,由登记管理机关撤销登记。

第四十二条 博物馆违反有关价格法律、行政法规规定的,由馆址所在地县级以上地方人民政府价格主管部门依法给予处罚。

第四十三条 县级以上人民政府文物主管部门或者其他有关部门及其工作人员玩忽职守、滥用职权、徇私舞弊或者利用职务上的便利索取或者收受他人财物的，由本级人民政府或者上级机关责令改正，通报批评；对直接负责的主管人员和其他直接责任人员依法给予处分。

第四十四条　违反本条例规定，构成犯罪的，依法追究刑事责任。

第六章　附　　则

第四十五条　本条例所称博物馆不包括以普及科学技术为目的的科普场馆。

第四十六条　中国人民解放军所属博物馆依照军队有关规定进行管理。

第四十七条　本条例自2015年3月20日起施行。

图书在版编目（CIP）数据

中华人民共和国档案法实施条例释义 / 李洁鸿，张耀明主编 ; 张向军，贾渭茜副主编. -- 北京 : 中国法治出版社, 2025. 2. -- ISBN 978-7-5216-5093-8

Ⅰ. D922.165

中国国家版本馆 CIP 数据核字第 2025121XT7 号

责任编辑：李佳欣　　　　　　　　　　　　　封面设计：杨鑫宇

中华人民共和国档案法实施条例释义
ZHONGHUA RENMIN GONGHEGUO DANG'ANFA SHISHI TIAOLI SHIYI

主编/李洁鸿　张耀明
副主编/张向军　贾渭茜
经销/新华书店
印刷/三河市紫恒印装有限公司

开本/880 毫米×1230 毫米　32 开	印张/ 12.5　字数/ 162 千
版次/2025 年 2 月第 1 版	2025 年 2 月第 1 次印刷

中国法治出版社**出版**
书号 ISBN 978-7-5216-5093-8　　　　　　　　　　定价：58.00 元

北京市西城区西便门西里甲 16 号西便门办公区
邮政编码：100053　　　　　　　　　　传真：010-63141600
网址：http://www.zgfzs.com　　　　　编辑部电话：010-63141821
市场营销部电话：010-63141612　　　　印务部电话：010-63141606

（如有印装质量问题，请与本社印务部联系。）